RESPETA MIS PINCHES LÍMITES

DRA. FAITH G. HARPER

RESPETA MIS PINCHES LÍMITES

Un método provocador para construir mejores relaciones a través del consentimiento y la comunicación

Traducción de Marta de Bru de Sala i Martí

Obra editada en colaboración con Editorial Planeta – España

Título original: *Unfuck Your Boundaries y Unfuck Your Boundaries Workbook*

Corrección de estilo de cargo de Álex Herrero
Composición: Realización Planeta

Bajo el sello editorial DIANA M.R.
Avenida Presidente Masarik núm. 111,
Piso 2, Polanco V Sección, Miguel Hidalgo
C.P. 11560, Ciudad de México
www.planetadelibros.com.mx

Primera edición impresa en España: enero de 2025
ISBN: 978-84-10293-34-2

Primera edición impresa en México: septiembre de 2025
ISBN: 978-607-39-3220-2

Impreso en los talleres de Impregráfica Digital, S.A. de C.V.
Av. Coyoacán 100-D, Valle Norte, Benito Juárez
Ciudad De Mexico, C.P. 03103
Impreso en México - *Printed in Mexico*

ÍNDICE

Segunda parte
ASÍ ACTÚA TU CEREBRO ANTE LOS LÍMITES

Tercera parte
¿POR QUÉ SE NOS JODEN LOS LÍMITES?

Cuarta parte
RESPETA MIS PINCHES LÍMITES

CUADERNO DE ACTIVIDADES

INTRODUCCIÓN

Los límites son los pilares fundamentales de las relaciones. Definen nuestro comportamiento y rigen nuestras interacciones, nuestra manera cotidiana de expresar el consentimiento y el espacio donde se desarrollan nuestras relaciones y nuestras comunidades. En pocas palabras, esto es lo que son los límites.

Los límites son, en esencia, el entramado que define nuestra manera de actuar en el mundo. De ahí que resulte fundamental y necesario entenderlos. Debería haber una asignatura obligatoria sobre este tema desde la guardería y en todas las etapas educativas.

Entonces, ¿por qué se suelen menospreciar y subestimar las conversaciones sobre los límites? ¿Por qué son motivo de burla? ¿Por qué se ridiculiza la idea de querer defender nuestro espacio en el mundo?

Los límites saludables son una cuestión tanto de justicia social como de eficacia interpersonal. Si no los tuviéramos, seríamos tan maleables como la plastilina. Y, en ese caso, seríamos susceptibles a ser manipulados. Una transgresión de nuestros límites no tiene por qué ser algo horrible que ocurra una vez; también puede ser un cúmulo de «me da igual» que vaya minando nuestra personalidad día tras día.

(¿Cuántas veces has dicho «me da igual», aunque en realidad aquello no te pareciera ni bueno, ni sano, ni apetecible, renunciando en el proceso a un pedacito tras otro de tu ser?).

Pero ¿y si nos reapropiáramos de nuestros límites? ¿Y si nos convenciéramos de que hablar de nuestros límites no es quejarse a lo tonto, sino trazar un plan de acción para salvar tanto nuestras relaciones como a nosotros mismos y pasar del «me da igual» a frases sanas, positivas y enérgicas?

Este es mi objetivo. ¿Te gustaría acompañarme durante este proceso? Pero te lo advierto, este libro no será fácil de digerir. Si has leído alguna de mis otras obras, ya sabes que hablo sobre los límites casi tanto como sobre el trauma. Ahora bien, como veo que cada vez hay más personas interesadas en trabajar a fondo en sus límites, decidí escribir este libro.

Hablaremos de temas duros como el #MeToo y el #TimesUp, de cómo el control coercitivo es una herramienta de abuso mucho más insidiosa y perjudicial para las relaciones que la violencia, de sistemas familiares disfuncionales, del deseo de complacer a los demás y de las normas culturales que nos exigen que seamos corteses.

Los límites nos ayudan a sentirnos más seguros en un mundo que suele ser todo, menos lo que parece. Son los pilares fundamentales de nuestra existencia. Tener unos límites sanos significa ser capaz de distinguir cuándo necesitas espacio y cuándo necesitas que te apoyen, y comunicar estas necesidades a las personas de tu entorno.

Pero en la cultura moderna lo más habitual en cuanto a límites es no decir ni hacer nada. Y como nunca hablamos de ese tema, es como si asumiéramos que, en realidad, no vale la pena hacerlo. Que los límites no importan. Que lo que queremos, necesitamos o deseamos no importa. Y, poco a poco, este mensaje va calando en todas nuestras interacciones.

También me gustaría puntualizar (no por ti, porque tú ya me entiendes... Lo digo para los del fondo) que no son una herramienta de manipulación ni un mecanismo para controlar a los demás y obligarlos a doblegarse ante tu voluntad. Los límites deben usarse para reclamar nuestro propio espacio, no el de los demás.

Los límites son los cimientos de las relaciones. Y ahora que te diste cuenta de que tendrías que trabajarlos más a fondo, puede que te convenga colocar una viga de apoyo para prevenir una futura catástrofe. Muchas personas temen que expresar sus límites aleje a los demás o los fuerce a actuar en contra de su propia voluntad. Sin embargo, lo habitual es que suceda, más bien, lo contrario. Si no establecemos y mantenemos nuestros límites, acabaremos resentidos y alejándonos de nuestras relaciones, y eso es precisamente lo que acabará provocándonos un colapso nervioso.

¿Y cómo podemos empezar a establecer límites positivos y saludables? Puesto que los límites de cada persona son inherentemente singulares, no hay una única forma de gestionarlos que funcione para todo el mundo. Sin embargo, es posible establecer un marco de trabajo para debatir sobre el tema. También podemos autoanalizarnos de manera introspectiva y debatir en nuestro interior cuestiones que nunca nos habíamos planteado. Todo esto tiene el potencial de transformar no solo nuestras vidas, sino también el resto del mundo.

El trabajo que tenemos por delante nos cambiará a nosotros mismos, pero también todo lo que nos rodea.

Pongamos manos a la obra.

¿Qué encontrarás en este libro?

¿Alguna vez has visto a dos personas bajitas con un hijo que parece un gigante? Pues este libro tiene dos progenitores muy pequeños... La exitosa revista autopublicada original sobre los límites y un par de los capítulos de mi libro *Unfuck Your Intimacy*, que trata sobre los límites y la comunicación en las relaciones románticas. Me encontraba con tanta gente interesada en saber más sobre los límites que reescribí esas secciones y las encuadré en un marco más amplio. Así que el libro que tienes ahora en tus manos es mi enorme bebé de los límites. Ahora te contaré exactamente de qué trata esta criatura en particular:

En primer lugar, adoptaré mi papel de profesora Faith para definir qué son los límites y hablar de los distintos tipos y estilos de límites, y de las distintas clases de transgresiones de los límites. Además, te contaré lo que la neurociencia tiene que decir de los límites, no puedo evitarlo. Es un campo de estudio relativamente nuevo, así que no hay mucha información, pero es muy interesante (además de superrelevante para este libro).

Luego vendrá la parte difícil del libro. Analizaremos con detalle cómo y por qué los límites se nos joden tanto: los mensajes que recibimos de la sociedad, el trauma, el apego y cómo nos relacionamos con el mundo. 0% de diversión, pero 100% de importancia.

Ya después de todo esto, si decides seguir conmigo, utilizaremos toda esta información para hablar de todo lo que podemos hacer para calmar nuestros pinches límites. Aprenderemos a ser más conscientes de nuestros propios límites y de lo mucho que los demás los respetan (o se los pasan por el culo). Por supuesto, también hablaremos mucho sobre comunicación. Porque la comunicación tiene mucho que ver con la negociación de los límites, ¿verdad? Y, además, es jodidamente difícil saber hacerlo bien. Así que voy a compartir todas mis herramientas y trucos de comunicación favoritos contigo por mucho menos de lo que cuesta una única sesión de terapia privada conmigo.

Y como eres una persona superproactiva y estás dispuesta a tomar al toro por los cuernos, espolvoreé unos cuantos ejercicios de anclaje y conciencia plena por las páginas del libro. Por cierto, ¡tomar al toro por los cuernos podría costarte un huevo! Por eso es muy importante que seas consciente de que esto es muy difícil y que te cuides durante todo el proceso. De nada te servirán los límites si acabas agotado emocionalmente y llorando en el suelo del baño. Porque si estás cansado no podrás cambiar el mundo, y esto es precisamente lo que aspiramos a conseguir.

¡Ah! Y si te gustan los cuadernos de ejercicios (o si estás impulsando un taller sobre los límites o haciendo cualquier otra cosa maravillosa), échale un vistazo al cuaderno de actividades que aparece al final de estas páginas.

PRIMERA PARTE
¿QUÉ SON LOS LÍMITES?

Empezaremos con un debate pragmático sobre los límites.

El término *límite* se refiere simplemente a la línea (literal o metafórica) que señala los confines de un área en particular. Los límites son el territorio fronterizo entre lo que nos pertenece a nosotros y lo que es de otros.

Los límites en cualquier relación, ya sea íntima o no, pueden adoptar muchas formas. Abarcan cuestiones sexuales («¡Nada de metérmela por el culo, deja de presionarme!»), cuestiones de privacidad («¡Que no leas mi diario, carajo!») o cotidianas («Por favor, hoy no vengas a mi oficina a platicar. Estoy muy apurado con el proyecto y no se me da el *multitasking*» o «Necesito veinte minutos para relajarme cuando llego a casa después de trabajar»).

Los límites no los establecen, solamente, los noes rotundos, también lo hacen los «tal vez» y los «sí, pero con ciertas restricciones». Por ejemplo, esto se ve en casos como «Por favor, llama a la puerta antes de entrar en mi habitación» o «No estoy seguro de si quiero ir a ese evento. A ver si se me pasa el dolor antes del viernes».

Además, los límites pueden cambiar con el paso del tiempo, según la situación y las distintas relaciones. No existe ninguna fórmula de trigonometría que podamos aplicar a todas las situaciones para simplificarlas. Y cualquier gurú que diga lo contrario miente como un canalla al 103%. Si este tema fuera tan sencillo, no tendría que estar escribiendo este libro. Me dedicaría a teclear otros sobre mis gatos o sobre cualquier otra cosa. Desde luego, no estaría intentando recopilar todo lo que he aprendido y compartido sobre los límites a lo largo de toda mi carrera profesional en una obra que sea realmente útil.

TIPOS DE LÍMITES

Puede que te resulte útil clasificar los límites en siete categorías principales:

- **Límites físicos.** Son los límites relacionados con los pragmatismos del contacto físico (cuándo, dónde, cómo, quién, etcétera), tanto si se trata de que otro te toque a ti como de que tú toques a otro.
- **Límites de la propiedad.** Son los límites relacionados con las cosas que poseemos o reclamamos como nuestras. Nuestras casas, nuestras bicicletas o nuestras camisetas favoritas. Sin embargo, nuestros cerebritos primitivos también pueden causarnos problemas con este tipo de límites. A veces una persona decide que una de las bancas en un salón de clases o en una sala de reuniones es *la*

suya y que nadie más tiene derecho a sentarse en ella. En mi caso, llegué incluso a enojarme con alguien por haber comprado la última galleta de jengibre en mi jeta para chingarme, pues sabía perfectamente que la quería (ejem). No hay duda de que los humanos somos bastante territoriales, ¿verdad?

- **Límites sexuales.** Son los límites que engloban tanto los aspectos físicos y emocionales del sexo como también los de nuestra sexualidad, como quién nos atrae, qué nos gusta hacer con las personas que nos gustan, etcétera. También es lo que define el lenguaje, las ideas y la información que consideramos aceptable en relación con la sexualidad. También sobre las palabras que utilizamos al hablar de sexo, y si los chistes de carácter sexual nos parecen graciosos u ofensivos. El sexo es una parte tan importante en la vida de la mayoría de las personas que nuestros límites sexuales suelen ser muchísimo más amplios que los actos sexuales en los que participamos.
- **Límites emocionales-relacionales.** Son los límites que no solo tienen que ver con cómo queremos sentirnos ni con cómo quieren sentirse los demás, sino también con mostrar respeto hacia nosotros mismos y hacia el resto. Respetar este tipo de límites significa cuidar de los demás y dejarlos vivir sus propias experiencias emocionales. Pero también no hacerse responsable de sus emociones (todos hemos tenido que lidiar alguna vez

con alguien que estaba de mal humor y quería desquitarse con nosotros).

- **Límites intelectuales.** Son los límites que están relacionados con nuestros pensamientos, creencias e ideas y el respeto que se les tiene. También están relacionados con nuestro acceso a la información, a las ideas y a las oportunidades de aprendizaje. Este tipo de límites están separados de los emocionales. Podemos encontrarnos con alguien que sea emocionalmente amable (más o menos), pero que luego no respete nuestra visión del mundo; o con alguien que piense que somos brillantes e inteligentes, pero que luego nos trate como una mierda en otros aspectos.
- **Límites espirituales.** Son los límites que están relacionados con nuestro sistema de creencias, con cómo lo practicamos y con cómo lo compartimos. Los límites espirituales no son lo mismo que los intelectuales porque la espiritualidad es la experiencia humana de pertenecer a un propósito mayor. Definen la relación que tenemos con algo superior a nuestras propias experiencias emocionales e intelectuales, y para ciertas personas son una gran vulnerabilidad. Las transgresiones de los límites espirituales incluyen, por ejemplo, obligar a rezar a alguien que no quiere y no dejar hacerlo a alguien que lo desea.
- **Límites temporales.** Son los límites relacionados con uno de nuestros recursos más preciados. Por supuesto, hablamos del tiempo: de los minutos, las

horas, los días... Hay un montón de cosas que despiertan mi interés y que no sobrepasan mis límites intelectuales, ni emocionales ni de ningún otro tipo, pero aun así me falta tiempo para dedicarme a ellas. Sabes de lo que te estoy hablando, ¿verdad? Dime que a ti también te pasa.

Todas estas categorías de límites se solapan bastante. En el caso de las transgresiones simples, resulta bastante fácil relacionarlas con una única categoría. Por ejemplo, si alguien en el supermercado te golpeara en el tobillo con su carrito, estaríamos ante una simple transgresión de un límite físico. Sin embargo, también podemos encontrarnos con situaciones que infrinjan varios de nuestros límites a la vez. Por ejemplo, si alguien te pidiera ayuda para un proyecto, podría estar vulnerando tus límites intelectuales y temporales, ¿no? E incluso puede que también los emocionales.

Tal vez sea, precisamente, esa complejidad lo que hace que sea tan difícil hablar sobre límites, descubrir cuáles son los nuestros e intentar comunicarlos lo mejor posible a los demás. Es complicado de a madres, de eso no cabe duda. Pero, tal y como dice el autor Glennon Doyle, «somos capaces de hacer cosas difíciles». Te aseguro que el esfuerzo vale la pena.

Preguntas para reflexionar

- ¿Cuáles son algunos de tus límites en cada una de estas categorías?
- ¿Qué tipo de transgresiones de tus límites sufres más a menudo? ¿A qué categoría pertenecen?
- ¿Qué tipo de límites te cuesta más respetar en los demás? ¿A qué categoría pertenecen estas transgresiones?

¿CÓMO DEFINIMOS NUESTROS LÍMITES?

Además de tener diferentes tipos de límites, también debemos tener en cuenta la propia estructura de los límites, pues es mucho más importante de lo que la gente cree. Los límites pueden ser rígidos, permeables o flexibles.

Aunque algunas personas se encasillan en una de estas categorías, la mayoría fluctúan entre las tres según la situación en la que se encuentren.

- **Límites rígidos.** Son los límites que no se pueden sobrepasar jamás de los jamases, no existe margen de negociación. En algunos casos es más que correcto que los límites sean rígidos de a madres. Por ejemplo, mis límites de no permitir que nadie me dé un putazo en la cara o me vacíe la cuenta bancaria son rígidos porque tienen que serlo. Pero no todos los límites tienen que ser tan inflexibles. Por ejemplo, ¿verdad que hay personas que se acuestan muy temprano (y cuando digo algunas personas me refiero a mí...) y no les (me) gusta que las llamen por teléfono después de las nueve de la noche? Si nuestros límites fueran superrígidos en general, o superrígidos en este tema en particular, no toleraríamos ninguna llamada telefónica después de las nueve de la noche. Apagaríamos el teléfono, nos negaríamos a descolgarlo... Vaya, que no habría manera de ponerse en contacto con nosotros pasadas las ocho y cincuenta y nueve minutos de la noche, por mucho que eso pudiera acarrearnos ciertos inconvenientes.

- **Límites permeables.** Son los límites que cualquiera que se lo proponga puede sobrepasar. Son aquellos que para nosotros están muy bien definidos, pero que cuando reciben un ataque exterior no sabemos mantener firmes. Por ejemplo, si cada vez que sonara el teléfono por la noche lo descolgara y me pusiera a mantener conversaciones largas e interminables, a pesar de que debería estar durmiendo, en este caso, mi límite de atender llamadas telefónicas después de las nueve de la noche sería permeable. Es decir, que en esta situación estaría dejando que los demás hicieran lo que quisieran. Hablando sin rodeos, cuando decimos que tenemos límites permeables en realidad estamos diciendo que dejamos que los demás nos pisoteen. Sin embargo, en ciertas situaciones, está bien que los límites sean permeables, de la misma manera que en otras lo mejor es que sean rígidos. Por ejemplo, cuando estoy trabajando en mi consultorio, me facilita mucho la vida sentarme en mi silla supercómoda y que los pacientes se coloquen en el sillón. Pero cuando estoy trabajando, mi objetivo no es facilitarme la vida, sino dar terapia. Así que dejo que los pacientes se sienten donde les dé la gana (sí, incluso en mi silla supercómoda) y yo me adapto a lo que prefieran. Incluso llegué a sentarme en el suelo más de una vez porque era lo que el paciente necesitaba.

- **Límites flexibles.** Son los límites que situaríamos en el punto medio, del que deberíamos partir en la mayoría de las situaciones en las que nuestros límites entran en juego. Los límites flexibles son los que surgen cuando escuchamos nuestra voz interior, la que desea protegernos pero a la vez quiere que crezcamos emocionalmente. Esta es la voz que calibra nuestros límites, aquella que sabe que, si estamos dispuestos a ceder en ciertas áreas, puede que experimentemos una mejora en nuestras relaciones y que nos desarrollemos emocionalmente. Volvamos de nuevo al ejemplo de la mujer de mediana edad a la que le gusta acostarse temprano: tengo un hijo que vive y trabaja en una zona horaria distinta y le resulta imposible llamarme antes de las nueve de la noche. Resulta que la mujer de mediana edad quiere mucho a su hijo y está encantada de que, a pesar de que sea un hombre hecho y derecho, y de que

> esté ocupado con mil cosas, todavía quiera platicar con su madre de vez en cuando. Así que, si el hijo en cuestión la llama y ella todavía no ha caído como piedra, siempre descuelga el teléfono y mantienen una agradable conversación durante unos cuantos minutos. Los límites flexibles son lo mejor.

Siempre que nuestra seguridad esté en juego, nuestros límites deberían ser rígidos. De hecho, en estas situaciones la inflexibilidad responde más bien a una necesidad que a un deseo. Además, algunos límites rígidos tienen que aplicarse a todo el mundo, por ejemplo, no atacar a los demás sin que te hayan provocado.

Sin embargo, no todos los límites son tan universales. Puede que algunos que para mí sean rígidos no supongan ningún problema para otra persona. Por ejemplo, puede que una persona neurodiversa necesite pasar más tiempo a solas que otras personas. O puede que alguien con un historial traumático nunca llegue a sentirse del todo cómodo con ciertas posturas sexuales. Cada persona ha vivido unas experiencias diferentes y eso define las necesidades de cada cual. Forma parte de la condición humana. Nuestros límites también pueden cambiar según las relaciones, las circunstancias y los diferentes momentos vitales en los que nos encontremos.

Me imagino que decidiste leer este libro porque crees que tus límites son demasiado permeables, pues es el problema que suele tener casi todo el mundo con los límites. Cuando todos los mensajes que nos llegan refuerzan la idea de que nuestros límites no tienen ningún valor y de que no merecen ningún respeto, acabamos por interiorizarla. Incluso cuando nos encontramos en situaciones en las que tenemos el control sobre lo que nos rodea, pero no sabemos cómo ejercerlo. Así que tenemos que aprender a mantener nuestros límites firmes, pero partiendo del punto medio: sin ser demasiado duros ni demasiado blandos.

Los límites demasiado rígidos pueden ser una respuesta a alguna experiencia pasada, una manera de corregir en exceso algún límite que en el pasado fue demasiado permeable. Por ejemplo, negarse a tener una cita con nadie después de haber sido victimizado por una pareja romántica. Todos somos producto de nuestras experiencias, y si viviste algunas muy jodidas, tiene todo el sentido del mundo que quieras corregir tus límites en exceso para protegerte de ahora en adelante. Los límites demasiado rígidos pueden proporcionarnos una falsa sensación de seguridad a corto plazo porque nos ayudan a aislarnos de situaciones que nos dan miedo. Pero este no es el propósito de los límites. La función de estos es ayudarnos a navegar de forma segura por la vida, no ser un mecanismo para controlar todos los ámbitos de nuestra vida y todas las personas con las que interactuamos.

Si en general todos tus límites son muy estrictos, no te estoy diciendo que los ignores; pero sí quiero advertirte que construir muros absurdos a tu alrededor en nombre los límites te impedirá vivir una vida plena, de la misma manera que te lo impediría no tener ningún tipo de límite. Sinceramente, a la larga, ser imbéciles inflexibles puede llegar a ser igual de malo que dejar que todo el mundo te pisotee.

Cuando se trata de los límites, debemos tener cierto margen de negociación, priorizar nuestra seguridad y no dejar que nos conviertan en títeres. La diferencia entre fijar límites flexibles o permeables es complicada de definir. Por ejemplo, imagina que decides volver a estudiar después de llevar un tiempo sin hacerlo. Sería normal que al principio te agobiaras y te distrajeras con facilidad, así que tal vez tendrías que establecer límites muy rígidos con los demás sobre tus horas de estudio. Ahora bien, seguro que a medida que le fueras agarrando la onda y entregaras los trabajos, estarías más abierto a compartir la habitación con otras personas mientras estudias, no te importaría contestar una llamada, etcétera. Y si te juraste no volver a tener una cita nunca más, puede que en un futuro no te preocupe salir con alguien que tenga el visto bueno de un amigo de confianza, siempre y cuando se vean en un lugar tranquilo del que puedas irte fácilmente, como una cafetería.

En antropología existe un término llamado *liminalidad* que hace referencia a la sensación incómoda de estar en el umbral entre dos estados, como podrían ser el pasado y el futuro. Sumergirnos en la incomodidad de analizar las ocasiones en que nuestros límites han sido demasiado permeables o demasiado rígidos es lo que nos permitirá adoptar una manera diferente de relacionarnos con los demás. Tener límites flexibles consiste en prestar atención de manera proactiva, en vez de reaccionar siguiendo antiguos patrones. Aunque puede que esto te obligue a tomar algunas decisiones difíciles porque, a fin de cuentas, o bien permitimos que el mundo dicte nuestros límites o bien los comunicamos con nuestras palabras y nuestras acciones. Y, a pesar de que a veces pueda resultar desagradable, prefiero mil veces la incomodidad derivada de mantener conversaciones difíciles que permitir que el mundo determine mi futuro.

Preguntas para reflexionar

Aquí tienes unas cuantas preguntas para que analices tus límites actuales, tanto si ya empezaste a comunicárselos a los demás como si no:

- ¿Qué mensajes tienes interiorizados sobre tu derecho a tener límites sanos y a reclamar tus necesidades individuales?
- En general, ¿dirías que la mayoría de tus límites son rígidos, flexibles o permeables?
- ¿Cuáles de tus límites definirías como rígidos ahora mismo? ¿Crees que debes cuestionarte la rigidez de alguno de ellos? ¿Crees que algunos deberían ser más rígidos?
- ¿Cuáles de tus límites definirías como permeables ahora mismo? ¿Crees que debes cuestionarte la permeabilidad de alguno de ellos y trabajarlo para que sea más flexible o más rígido? ¿Crees que algunos de tus límites deberían seguir siendo permeables? En caso afirmativo, ¿cómo dirías que esta per-

meabilidad te ayuda, te favorece o te resulta útil en este momento de tu vida?

- ¿Cuál sería para ti el equilibrio ideal de tus límites? Y, ahora mismo, ¿dirías que te encuentras muy cerca o muy lejos de este ideal?
- ¿Qué aspecto puedes controlar activamente y, por ende, trabajar para avanzar en dirección a tu ideal?

LAS TRANSGRESIONES DE LOS LÍMITES (Y POR QUÉ EL CONSENTIMIENTO ES TAN IMPORTANTE)

Antes definí los límites como un constructo que nos separa de los demás. Pues bien, las transgresiones de los límites pueden darse cuando ese espacio no se negocia de manera consciente y nuestras acciones causan daño (independientemente de nuestra intención).

Por eso es tan importante el consentimiento. *Consentimiento* es una palabra de moda que confunde a muchas personas, pero en la práctica se trata de un concepto muy simple. El consentimiento es el permiso informado y voluntario dado o el acuerdo al que se llega para una actividad o intercambio concreto entre dos o más seres conscientes. Normalmente lo utilizamos para expresar y negociar nuestros límites. Por ejemplo, si alguien te preguntara: «Oye, ¿podrías prestarme este libro?», en realidad, estaría reconociendo el libro como una de tus posesiones (¡límite de la propiedad!) y te estaría pidiendo tu consentimiento para usarlo y luego devolvértelo. En este caso, tú estarías en tu derecho de dárselo, no dárselo o dárselo con alguna condición.

Las transgresiones de los límites se producen cuando actuamos sin consentimiento.

Pia Mellody, autora de *La codependencia*, clasifica las transgresiones de los límites en dos grandes categorías muy simples: externas e internas.

- Las **transgresiones externas de los límites** ocurren cuando alguien te hace algo físico. Por ejemplo, si alguien te toca sin que le hayas dado permiso. O si toma tus cosas sin que hayas accedido a ello. Las transgresiones externas de los límites son tangibles y medibles.
- Las **transgresiones internas de los límites** ocurren cuando alguien invade tu espacio emocional e intenta cambiar tu comportamiento y tus acciones para que se adapten a sus necesidades, sin ni siquiera pedírtelo. Estamos hablando de manipulación en toda regla. A veces, incluso, en forma de control coercitivo, del que hablaremos más adelante.

Pero ¿qué supone una transgresión de los límites? El libro de Sara Hines Martin titulado *Shame on You!: Help for Adults from Alcoholic and Other Shame-Bound Families* [¡Debería darte vergüenza!: manual de ayuda para los adultos con familias alcohólicas y otras vergüenzas] contiene una lista excelente que adapté y categoricé basándome en la obra de Pia Mellody. Algunos de estos ejemplos son situaciones muy extremas, y otros son agravios que todos hemos vivido pero que no por eso dejan de ser transgresiones de los límites y, por lo tanto, relevantes para nuestro debate.

En las páginas siguientes encontrarás una lista larga (agotadora, deprimente e incluso un poco abrumadora) de ejemplos de transgresiones de los límites. Esta lista es una parte importante del debate porque muchos de los problemas sistémicos y culturales que nos joden los límites lo hacen de tal manera que a menudo no nos damos cuenta de que nos los están transgrediendo a diestra y siniestra. Igual que tampoco somos conscientes de cuándo los demás transgreden nuestros límites ni de cuándo lo hacemos nosotros con los de los demás. Además, nosotros también podemos pisotear nuestros propios límites si no ponemos nuestras necesidades en el centro para apaciguar a los demás.

Siempre he dicho que «solo podemos hacerlo mejor si nos damos cuenta de qué es hacerlo mejor». Los grandes cambios culturales empiezan por reconocer estas transgresiones mundanas.

Ejemplos de transgresiones externas de los límites

- Abuso sexual.
- Abuso físico.
- Contacto físico indeseado (incluyendo el contacto físico en momentos en los que alguien no quiere

ser tocado, de formas en las que no quiere ser tocado y en partes en las que no quiere ser tocado).
- Invadir una casa ajena.
- Meterse delante de alguien que está haciendo fila, sin su consentimiento.
- No limpiar lo que uno ensucia.
- Utilizar las posesiones de otra persona sin su consentimiento.
- No devolver alguna posesión o entregarla tarde (aunque se tomara prestada con consentimiento).
- No cumplir con la hora pactada (llegar siempre tarde o demasiado pronto).
- Acaparar al hijo o a la hija de otra persona cuando sus padres o tutores legales están presentes.
- Irse a vivir con otra persona sin su permiso (parece imposible, ¿no? Pues pasa).
- Fumar delante de otras personas o en su casa, sin su consentimiento.

Ejemplos de transgresiones internas de los límites

- Hacer preguntas personales a pesar de no tener una relación muy íntima.
- Pedir a los demás que justifiquen sus acciones o puntos de vista cuando no nos afectan en absoluto.
- Hacer comentarios sobre el comportamiento de alguien cuando no nos afecta.
- Escuchar las conversaciones telefónicas de los demás.

- Leer el diario, las cartas, los correos electrónicos o los mensajes privados de los demás.
- Revelar secretos o asuntos que nos hayan contado en confianza (y sí, chismear cuenta).
- Dar por sentados los sentimientos de los demás.
- Dar por sentadas las razones que motivan el comportamiento de los demás.
- Dar por sentados los pensamientos de los demás.
- Exigir, en vez de pedir.
- Aportar consejos o críticas constructivas sin que nos los hayan pedido, o con el único objetivo de hacer daño a la persona que recibe los comentarios.
- Tratar a alguien de manera condescendiente (hablarle como si fuera un niño o tuviera problemas de comprensión).
- Juzgar a los demás.
- Compartir información personal sobre nosotros mismos sin asegurarnos de si la persona que nos está escuchando quiere oírla.
- Utilizar un lenguaje abusivo.
- Dirigirse a alguien en un género con el que no se identifica.
- Utilizar un lenguaje tránsfobo o transexcluyente.
- Utilizar un lenguaje racista o plagado de estereotipos raciales.
- Pedir demasiados favores o favores inapropiados.
- Dar por sentado que se producirá un intercambio de favores (hacer favores solo porque das por sentado que te los devolverán).

- Triangular (intentar usar a una tercera persona para controlar a alguien).

Ejemplos de transgresiones de los límites que podrían ser tanto externas como internas

- Ignorar los noes de los demás o cualquier otro límite que hayan establecido.
- Ayudar a alguien sin preguntarle primero si quiere que lo hagamos.
- Interrumpir a alguien mientras está hablando.
- Intentar obligar a otros adultos a vivir según los valores morales y éticos de otra persona.
- Entrometerse en reuniones ajenas, como podría ser unirse a un grupo que está comiendo en un restaurante sin haber sido invitado.
- Insistir repetidamente en tener una relación con alguien que ya expresó claramente que no está interesado (incluso aunque antes salieran juntos).
- Satisfacer nuestros deseos a costa o en perjuicio de otra persona.

Ahora que ya terminaste de leer esta lista, tengo que advertirte algo: nuestros cerebros están programados para hacer algo llamado *error de atribución fundamental.* Cuando la cagamos y transgredimos los límites de otra persona, solemos atribuir nuestras acciones a la situación en concreto (sea o no una justificación razonable). En cambio, cuando otras personas la cagan y transgreden nuestros límites, lo atribuimos a que son personas verdaderamente horribles.

Esta es la manera de pensar por defecto del cerebro, y hasta que no seamos conscientes de este sesgo y aprendamos a pensar de otra manera, seguiremos tratando bastante mal a los demás y esperando lo peor de ellos. Añadir un nivel de consideración y consciencia nos permitirá prestar atención a los detalles de todas las situaciones con las que nos encontremos y tomar mejores decisiones sobre si alguien es realmente una amenaza para nuestra seguridad (más adelante hablaremos sobre este tipo de banderas rojas) o, simplemente, un humano torpe que la próxima vez lo hará mejor si le explicamos el problema.

Preguntas para reflexionar

- ¿Te llamó la atención alguna de las transgresiones de la lista porque hasta ahora no habías caído en la cuenta de que eso era un límite?
- ¿Eran internas, externas o de ambos tipos?
- ¿Dirías que hay ciertas transgresiones de los límites que sufriste a menudo en el pasado?
- ¿Y en el presente?
- ¿Recuerdas haber cometido algunas de estas transgresiones de los límites (aunque fuera de manera inintencionada) en el pasado?
- ¿Y en el presente?
- ¿Se te ocurre alguna otra transgresión de los límites que no estuviera en la lista?

AFIRMACIONES DE ANCLAJE

Decidí incluir algunos ejercicios de anclaje en este libro porque analizar nuestros problemas de límites puede ponernos nerviosos. Y, oye, si estás leyendo este libro por recomendación de alguien y te diste cuenta de que todavía no estás listo para empezar este proceso, no te preocupes. Deja el libro hasta que lo estés. No te voy a juzgar... Nadie te conoce mejor que tú.

Por el contrario, si crees que ya es momento de empezar a trabajar en los límites, pero te preocupa que sea un proceso incómodo e incluso doloroso, quiero que sepas que estos ejercicios de anclaje están diseñados para ayudarte a lidiar con estos sentimientos. Anclarte significa, simplemente, mantenerte en el presente mientras te enfrentas al pasado.

Una de las muchas cosas que hace el cerebro para mantenernos a salvo es contarnos una historia sobre el pasado y superponerla al presente para que tengamos la sensación de estar reviviendo una situación traumática. Es un excelente mecanismo de defensa si nos encontramos en situaciones realmente peligrosas... Pero no nos ayuda en absoluto a lidiar con nuestros problemas del pasado para que podamos sanar y dejarlos atrás.

El ejercicio que encontrarás a continuación es muy sencillo e ideal para las situaciones en que tu cerebro active este mecanismo. Te animo a encontrar una afirmación de anclaje que te recuerde que estás en el presente y que estás haciendo un trabajo muy importante. Algo tipo:

- Esto es solo un recuerdo. Los recuerdos son una mierda, pero no pueden hacerme daño.
- Antes era una víctima. Ahora soy un sobreviviente.

Encuentra una afirmación que te funcione, apúntala en alguna parte y utilízala hasta el hartazgo cada vez que la necesites. También te recomiendo que te tomes un café helado como plan B. Hay que cuidarse.

SEGUNDA PARTE
ASÍ ACTÚA TU CEREBRO ANTE LOS LÍMITES

El estudio neurocientífico de los límites forma parte de un nuevo campo de la ciencia llamado *neuroética*. La neuroética estudia la superposición entre las normas sociales, la filosofía, la antropología y la neurociencia empírica.

La tecnología de la imagen nos ha permitido ver que los límites que hay entre nosotros, los demás y el entorno también existen en nuestro cerebro, es decir, que no son simplemente un invento de los *millennials* para joder a los *boomers*.

Si ya leíste mi libro titulado *Calma tu pinche cabeza*, entonces no te sorprenderá saber que la parte del cerebro donde se encuentran todos estos límites es la amígdala, la zona del cerebro que procesa las emociones y regula nuestra respuesta al miedo.

Antes de seguir profundizando en lo que dice la ciencia sobre este tema, vamos a repasar qué hace la amígdala cuando percibe alguna amenaza. Para ello, tenemos que repasar sus posibles respuestas: luchar, huir o bloquearse. Ya abordé este tema en la mayoría de mis libros anteriores, pero aquí tienes un breve recordatorio:

- Luchar es *dale una paliza antes de que te la dé a ti.*
- Huir es *vete en putiza de aquí, no es seguro.*
- Bloquearse es *si te haces el muerto y no mueves ni un dedo, tal vez se acabe todo.*

Estas tres respuestas son importantes de a madres para nuestra supervivencia. Todo este proceso es nuestro sistema de radiodifusión de emergencia con un montón de pitidos electrónicos de fondo.

Así es como funciona el proceso: nuestra corteza prefrontal, que es la parte pensante y lógica de nuestro cerebro, capta una información del mundo exterior que podría ser una transgresión de los límites, por ejemplo, que alguien choque con nosotros (¿ataque físico?) o que nos abracen sin nuestro consentimiento (¿falta de respeto hacia nuestra autonomía corporal?). Pero esa transgresión de los límites del presente podría desencadenar una respuesta a los traumas del pasado.

Es entonces cuando la amígdala se pone a hojear el índice de experiencias previas similares y, si considera que se parece mínimamente a alguna experiencia previa mala, dice: «¡Oye, eso lo recuerdo! ¡La última vez que ocurrió me dolió! ¡El dolor es una mierda!». Y entonces el tallo cerebral le dice a la corteza prefrontal: «¡Sal enseguida de esta mierda de situación! ¡No nos gusta sufrir dolor!». Así que nosotros respondemos con un «Adiós, situación amenazante, ¡yo me largo!». O nos enfrentamos a ella. O nos bloqueamos y nos hacemos los muertos, y esperamos a que la situación termine.

Cuando este proceso se descontrola y la amígdala se pone en modo defensivo y no deja de asustarse por situaciones que en realidad no son ninguna amenaza, estamos ante una respuesta al trauma. Mi libro *Calma tu pinche cabeza* va sobre cómo tranquilizar el cerebro para que solo reaccione de esta manera cuando se encuentre ante una amenaza real. Pero, por ahora, sigamos hablando sobre cómo la amígdala regula nuestros límites.

Hace unos diez años, unos científicos estaban estudiando a una mujer con la enfermedad de Urbach-Wiethe, una enfermedad genética que afecta un chingo a la amígdala. A esta paciente le costaba muchísimo comprender el espacio personal, así que decidieron llevar a cabo un estudio en el que compararon su nivel de comodidad con el espacio personal (un límite físico) con el de otras personas que no la padecían. Entonces, observaron que las personas sin esa enfermedad necesitaban estar al doble de distancia de los demás que la mujer con la enfermedad de Urbach-Wiethe. Su cerebro carecía del interruptor que reconoce los límites físicos y dice: «Carajo, retrocede un poco, por favor».

Los científicos exclamaron: «¡Vaya, eso es muy pinche raro!», y se pusieron a hacerles resonancias magnéticas a los individuos del estudio que no padecían la enfermedad de Urbach-Wiethe. Entonces descubrieron que la amígdala se les activaba cuando alguien orbitaba en su espacio personal, incluso aunque no pudieran verlo, ni oírlo o sentirlo.

¿Me sigues? Eso significa que la amígdala regula la distancia que nos separa de los demás, incluso cuando no percibimos ninguna señal sensorial consciente. Se trata de un instinto de supervivencia. En otras palabras, cuando el cerebro identifica una transgresión de los límites, acciona el interruptor del sistema nervioso simpático, desencadenando así una respuesta defensiva basada en la supervivencia. ¿Y qué es el sistema nervioso simpático? El mecanismo que activa la respuesta de luchar, huir o bloquearse.

No estamos hablando de una novela de Phillip K. Dick: los humanos ya somos capaces de leer los límites biológicos y mentales como una entidad física, y no solo de interpretarlos como una idea filosófica. Además, esta línea de investigación resultará muy beneficiosa no solo para entender a las personas con enfermedades raras y minoritarias, sino también para comprender por qué a algunas les cuesta mucho más entender los límites (por ejemplo, a las maravillosas personas neurodivergentes) que a otras. Eso significa que podremos hablar de manera muy diferente y pragmática sobre los límites sin dejar de honrarlos como la parte muy real de nuestra supervivencia que son.

Puede que ahora estés pensando: «Bueno, pequeña, todo esto está muy bien... Pero yo no voy por ahí con un equipo de resonancia magnética, así que ¿cómo puedo saber si una transgresión de los límites me activó la amígdala? Sobre todo, teniendo en cuenta mis experiencias pasadas, que han sido muy jodidas (sí, hablaremos de este tema más adelante)». A ver, estás aprendiendo a volver a confiar en ti, y tienes que empezar por alguna parte. Veamos algunas formas de detectar que se te activó la amígdala, ¿de acuerdo?

ESCUCHA TU CUERPO

Escuché a demasiadas personas afirmar que no se habían percatado de que estaban en una situación muy jodida hasta un buen rato después de que ocurriera. La verdad es que a mí también me ha pasado. En ciertas ocasiones, actué condicionada por las expectativas sociales, en vez de por mi reacción visceral, y tardé un buen rato en darme cuenta de que no era lo correcto.

Mi señor marido es un instructor de rehabilitación acreditado y trabaja en el ámbito de la salud mental comunitaria. Pero antes era investigador privado y realizaba todo tipo de trabajos absurdos y peligrosos con frecuencia. O sea, tiene un detector de idioteces muy bien calibrado. Hace poco le pregunté cómo se las arreglaba para leer a las personas y para distinguir a las que son una amenaza de las que no. Se encogió de hombros y respondió: «Porque me lo dice el hombrecito que vive en mi estómago».

Puede que te estés preguntando qué chingados tiene que ver esta anécdota con los límites. La respuesta es que todo. Porque estar sintonizados con nuestros cuerpos en las interacciones del día a día es lo más cerca que llegaremos a estar nunca de tener un equipo de resonancia magnética a nuestra disposición las veinticuatro horas del día durante los siete días de la semana para que nos avise cuándo se está transgrediendo alguno de nuestros límites.

La cuestión es que nuestro subconsciente percibe muchísima más información que nuestra mente consciente. Los estudiosos de la información llaman a este concepto *teoría de la compresión*. En pocas palabras, esto significa que los humanos somos capaces de captar once millones de bits de datos por segundo, pero solo podemos prestar atención a unos cincuenta de estos bits por segundo. La compresión de la información (también llamada *compactación*) es el proceso de reducir la cantidad de información disponible. Cuando comprimimos un montón de archivos en una carpeta ZIP en nuestra computadora, no perdemos nada... En resumen, la información original sigue estando intacta. En cambio, el cerebro humano pierde al comprimir; es decir, que parte de la información se pierde en el proceso de traducción.

Hay una gran diferencia entre una carpeta ZIP y el cerebro humano, ¿verdad?

Los fisiólogos también han descubierto que tenemos un método para compensar ese proceso de compresión de la información en nuestro cuerpo (precisamente por esto empecé a interesarme por la hipnoterapia, ya que conecta a todo el cuerpo con el subconsciente). Se trata de nuestro sistema reflejo, que se pone en marcha una décima parte de segundo después de percibir un estímulo confrontacional. Lo que quieren decir todos estos términos científicos es que nuestros cuerpos reaccionan a lo que ocurre a nuestro alrededor, incluso aunque no lleguemos a procesar esta información de manera consciente.

Subconscientemente, nuestro cuerpo dice «¡Ni de pedo!» cada vez que percibe una transgresión de los límites de manera muy real mediante los llamados *mensajes aferentes viscerales*. Esta expresión hace referencia a un sentimiento proveniente del interior de nuestro cuerpo que le dice a la mente lo que debe hacer, en vez de dejar que sea nuestra propia mente la que tome la decisión y le diga a nuestro cuerpo lo que debe hacer. Esta información se transmite a través del nervio vago mediante las llamadas *neuronas monoaminérgicas* (¡con tanta palabrería ya puedes jugar Trivial!).

Lo sé, es demasiado rollo. ¡Qué hueva leer tanto texto! Quédate con que las reacciones viscerales son reales y literales.

Y dado que el nervio vago está involucrado en todo este proceso, los mensajes que nos manda llegan a todos los rincones de nuestro cuerpo, por eso puede que sientas que se te acelera el corazón, que se te llenan los ojos de lágrimas, que tienes escalofríos, que te cuesta respirar y otros marcadores físicos del miedo. Prestar atención al hombrecito que vive en tu estómago puede llegar a salvarte la vida, y sin duda te ahorrará más de un disgusto.

Preguntas para reflexionar

- ¿Qué hace tu cuerpo para avisarte del peligro? ¿Qué has notado?
- Intenta recordar una situación en la que tu instinto visceral te dijera algo y optaras por ignorarlo. ¿Por qué lo hiciste?
- ¿Se te ocurre alguna situación en la que tu instinto visceral estuviera mal programado? ¿En la que reaccionaras exageradamente ante una supuesta amenaza debido a tu historial de traumas? ¿O te condicionaron desde que usabas pañales para que no hicieras caso a tu instinto visceral? En este caso, ¿a qué personas de confianza puedes acudir para verificar si tu instinto visceral está bien calibrado?

TERCERA PARTE
¿POR QUÉ SE NOS JODEN LOS LÍMITES?

Si los límites, el consentimiento y la comunicación sana fueran asuntos fáciles, no sería necesario que existieran libros como este, ¿verdad? Si tuviéramos una cultura que valorara estas habilidades y nos centráramos en enseñarlas a edades muy tempranas, seguramente tendría otro trabajo.

Sin embargo, es muy difícil lidiar con estas cuestiones, y encima tenemos que remar a contracorriente. Pero es fundamental que lo hagamos, y no solo por nuestras interacciones diarias, sino por el mundo en general. Aun así, sería muy hipócrita que nos pusiéramos a hablar sobre cómo mejorar nuestras interacciones con los demás sin mencionar primero cómo han terminado tan jodidas.

Tal vez haya veinticinco millones de motivos por los que los límites acaban hechos añicos a diario. Pero como no quiero escribir la *Enciclopedia de las mil maneras de joder los límites*, me centraré en cuatro de los motivos más relevantes: los problemas de jerarquía social en general, los sistemas de apego jodidos, las personalidades extremadamente conflictivas y la perpetuación del control coercitivo. Voy a quedarme en estos cuatro motivos porque son los que me encuentro con más frecuencia en el consultorio, y porque requieren que analicemos en profundidad nuestra manera de vivir como individuos y como sociedad.

Ahora bien, de una vez les aviso que no es fácil. Me ha costado mucho escribir este libro, y eso que me dedico profesionalmente a estos temas. Así que me doy una idea de lo difícil que puede resultar esta lectura para muchas personas. Por eso, y a pesar de que los estudios hayan demostrado que las advertencias de contenidos que pueden herir la sensibilidad no son muy efectivas a la hora de prevenir que los individuos tengan reacciones traumáticas, lo mínimo que puedo hacer es no empezar a hablar de ningún tema serio así nada más de chingadazo. Porque solo lograremos cambiar el mundo si conseguimos superar estos problemas. Y este es nuestro objetivo.

¿POR QUÉ LA SOCIEDAD NOS JODE LOS LÍMITES?

Al principio, esta sección iba a centrarse específicamente en la violencia sexual. El movimiento #MeToo generó muchos debates sobre la violencia basada en el género y sobre cómo esta ha ido calando en todos los aspectos de nuestra cultura. Y es superimportante hablar de ello. Ahora, si solo nos centramos en cómo estas cuestiones culturales impactan las transgresiones de los límites en el ámbito de la violencia sexual, en realidad, perjudicamos a otras cuestiones más importantes que también están en juego.

(Si estás pensando «Bueno, pues me interesaría saber qué tiene que decir la autora sobre la violencia sexual y el #MeToo», puedes leer la revista autopublicada *Unfuck Your Consent*, que está centrada específicamente en cómo navegar por los límites sexuales).

La cuestión más importante, según la obra de Riane Eisler, experta en estructuras sociales, es que nuestras sociedades están estructuradas alrededor de un modelo llamado *modelo de dominación*. En las culturas basadas en este modelo, las jerarquías humanas se mantienen con la amenaza o el uso de la fuerza.

También podemos concebirlo como una estructura en la que el objetivo es tener poder sobre alguien (en oposición a compartir el poder con alguien). Algunos humanos tienen poder sobre otros, creando así una sensación de propiedad que se refuerza continuamente. El modelo de dominación no solo es el responsable de la cultura de la violación, sino también de la esclavitud, de las encarcelaciones masivas, de la falta de acceso a la salud por parte de la gente sin recursos, del trato horrible que reciben los refugiados políticos y de todas las distintas maneras en que hemos negado la condición de persona a grupos de individuos tanto en el pasado como en la actualidad.

Esta constatación es abrumadora, y normalmente todo el mundo se plantea la siguiente pregunta: «¿Significa eso que todos los seres humanos estamos programados para ser una mierda debido a la evolución y que, por lo tanto, estamos todos jodidos?».

Gracias a Buda, la respuesta es que no (de lo contrario, creo que no podría dedicarme a la psicología por una cuestión ética). Los humanos no somos una mierda. No solo tenemos la capacidad de crear estructuras sociales más igualitarias, sino que siempre han existido. La Dra. Eisler lo llama *modelo de colaboración*, y pone como ejemplos del pasado al pueblo !kung y a los bambutis, y como más recientes, a las naciones escandinavas, como prueba de nuestra habilidad para desarrollar un sistema social orientado a redirigir los recursos en favor del bien común de toda la sociedad.

Los humanos siempre hemos tenido un papel activo en nuestra propia evolución social. Y esta evolución tiende a estancarse durante largos periodos de tiempo hasta que decimos: «¡A la mierda esta parálisis!», y decidimos cambiar las cosas. (La Dra. Eisler diría: «Hey, esto de lo que estás hablando se llaman *puntos de bifurcación*», pero bueno.) Nuestra historia está repleta de enormes cambios sistémicos de este tipo. Piensa, por ejemplo, en cómo el libro *La jungla* de Upton Sinclair cambió los derechos de los trabajadores de las fábricas de carne enlatada de Nueva York. O el impacto que tuvo el político John Lewis en los derechos civiles a lo largo de estas últimas décadas.

Seguro que has oído el término *cultura del consentimiento*, ¿verdad? La cultura del consentimiento es la normalización de pedir el consentimiento a los demás antes de interactuar con ellos. Sentirse decepcionado, pero no dolido, cuando alguien dice que no. Si la cultura del consentimiento estuviera en su máximo esplendor, no nos parecería raro ni vergonzoso poner límites y respetarlos. El cambio subcultural que se está produciendo actualmente hacia la cultura del consentimiento significa que estamos transformando la cultura de manera activa e intencionada. Y a medida que la revolución va avanzando, las leyes y normas están empezando a reflejar estos ideales.

Tristemente, en general, vivimos en la cultura de la violación, no en la del consentimiento. La *cultura de la violación* hace referencia a la norma existente en lo que a la violencia sexual se refiere. Esto sería que las actitudes y prácticas sociales comúnmente toleran, excusan, justifican e incluso glorifican la violencia sexual. Hemos sido testigos de cómo una y otra vez los jueces imponen condenas leves por agresión sexual a chicos jóvenes por tener un *futuro brillante* por delante y no querer *arruinárselo* (el ejemplo más reciente es el caso del pueblo contra Turner). Estos procesos son un claro ejemplo de cómo se tolera, se excusa y se justifica la violencia sexual.

La cultura de la violación es lo contrario a la cultura del consentimiento. Teniendo en cuenta que el consentimiento es nuestra manera de expresar los límites, no es de extrañar que la cultura de la violación haya dinamitado cualquier tipo de diálogo o de normas sobre los límites personales.

En la cultura del consentimiento, solo sí es sí. Y aceptarlo significaría que muchas personas tendrían que revaluar sus comportamientos del pasado y analizar si tal vez algunas de sus acciones en realidad fueron transgresiones y no acciones cuestionables. En realidad, la cultura de la violación es la cultura de la justificación; en cambio, la cultura del consentimiento significa que todos y cada uno de nosotros somos responsables de nuestro comportamiento en todo momento. Vaya diferencia entre tener poder sobre alguien y compartir el poder con alguien, ¿no?

A grandes rasgos, la violencia tiene género: los hombres tienen una probabilidad mucho mayor de ejercer violencia (y no solo contra mujeres, sino también contra otros hombres, personas no binarias y menores) que cualquier otro grupo demográfico. La agresión sexual es la forma de violencia de género que mejor se ha estudiado, por eso hablar de la cultura de la violación y de la cultura del consentimiento es tan empoderador. Sin embargo, hay muchas otras dinámicas de poder cultural jodidas que han contribuido a crear una cultura que tolera las transgresiones sistémicas de los límites.

Sí, lo sé. Seguro que no compraste este libro esperando lecciones sobre activismo político y cambios de paradigma culturales. Lo hiciste buscando ayuda con los límites. Pero tal y como Cristien Storm afirma en la primera página de su maravilloso libro titulado *Empowered Boundaries* [Límites empoderados]: «Nos guste o no, el propio acto de establecer límites es político».

La política es abrumadora. Es horrible de a madres, confusa e interminable. Entiendo que quieras desconectar de la naturaleza política de la sociedad, y puede que te estés preguntando por qué estoy metiendo la política en un tema de salud mental. Pero es que, en este caso, lo personal es político. A ver, en cierta manera siempre lo es, pero en este aspecto es especialmente cierto.

Respetar los límites significa respetar a los demás. Cuando empezamos a decir «Yo también tengo que ser respetado», en realidad, estamos poniendo y comunicando nuestros límites. Y al hacerlo, estamos cambiando nuestras relaciones y expectativas respecto a las interacciones con la comunidad que nos rodea. Estamos ayudando a evolucionar el concepto de *consentimiento* para mejorar a toda la humanidad.

Todos los movimientos por la igualdad de derechos han empezado siempre poniendo un límite. El abolicionismo de la esclavitud, el derecho a voto, la eliminación de la segregación racial y la libertad para casarnos con la persona que queremos.

Siempre que te des cuenta de que se está perpetuando una transgresión de los límites, lo primero que deberías preguntarte es:

¿Se pisotean los límites de todas las personas con regularidad o solo los de algunas?

¿Se trata de un límite que solo tienen que reivindicar las mujeres? ¿Las personas racializadas? ¿Las personas que utilizan sillas de ruedas? ¿Las personas que no tienen la nacionalidad del país donde residen?

Por mucho que mantengas una actitud apolítica en otros ámbitos, en cuanto empieces a pelear para que tanto tú como los demás podamos poner nuestros propios límites y estos sean respetados, te convertirás en una persona revolucionaria politizada. ¡Ya estás en el equipo!

Preguntas para reflexionar

- ¿Cuáles estructuras comunitarias o sociales de las que formas parte han impactado en tu capacidad para articular tus límites individuales al dar por sentado que serían respetados?

- ¿Eso ha ido cambiando a medida que has crecido? ¿En qué aspectos?
- ¿Qué tipo de respuestas esperas cuando desafías estas estructuras?
- ¿Cómo puedes prepararte para afrontar estos desafíos previsibles?
- ¿Cuál es la recompensa potencial por hacer este trabajo?

ESTILOS DE APEGO

A ver, no sería un libro de la Dra. Faith si no me pusiera a hablar sobre traumas en algún momento, ¿a que no?

Incluso quienes tuvieron una infancia relativamente privilegiada y son respetables a los ojos de la ley pueden tener graves problemas a la hora poner límites, y con el consentimiento activo y la comunicación. Al fin y al cabo, somos el producto de todas nuestras experiencias, ¿cierto? No solo de las normas sociales, sino de todo lo que nos ocurrió durante la niñez y de lo que nos sucede durante la edad adulta.

Por un lado, incluso los padres más amables y cariñosos pueden tener dificultades para enseñar a sus hijos a comunicarse de manera sana y a poner límites. Por otro, los entornos educativos modernos, cuyo eje central es que los alumnos cumplan con las normas, tampoco fomentan este tipo de habilidades. Muchas de las personas que tuvieron una infancia mayormente feliz crecieron evadiendo los conflictos o, simplemente, con una capacidad nula para reconocer, definir y articular sus límites al interactuar con los demás. Gran parte de esto tiene que ver con la cultura imperante, tal y como ya comenté en la sección anterior.

Luego están los sobrevivientes de abusos, que suelen tener un montón de problemas con los límites y se van a uno de los dos extremos: o bien son incapaces de establecer límites, o bien sus límites son tan rígidos que quedan completamente aislados de las personas de su entorno.

Sin embargo, curiosamente, la mayoría de la gente se encuentra más bien en un extraño punto medio en cuanto a sus experiencias de la infancia, ya que no fueron tan idílicas como las de *Déjenselo a Beaver*, aunque tampoco fueron un completo desastre. Puede que sus padres los quisieran mucho, pero estuvieran inmersos en una lucha contra sus propios demonios y eso afectara a su capacidad para ser buenos padres.

Estas experiencias tempranas, tanto si fueron abusivas como un poco caóticas, afectan lo que los terapeutas denominan *estilos de apego*, es decir, las dinámicas que utilizamos para navegar por nuestras relaciones interpersonales. Normalmente, los estilos de apego que tuvimos durante la infancia afectan nuestras relaciones posteriores y nuestra capacidad de reconocer y poner límites con amigos, familiares y parejas.

Así que vamos a echar un vistazo a los tres estilos de apego:

- **Apego seguro.** Los estudios muestran que un 60% de la población tuvo un apego seguro durante su infancia. (Pero la verdad es que no me fío de este número. ¿De verdad es tan alto? Aunque debo tener en cuenta que soy una terapeuta especializada en trauma, así que tal vez mi perspectiva esté un poquito sesgada). Estas personas suelen sentirse muy cómodas con las demás. Se sienten seguras cuando dependen de alguien o cuando alguien depende de ellas. No pierden los papeles constantemente por miedo a ser abandonados o a que alguien se les acerque demasiado. Por lo que, en general, son bastante sanos. Y bueno... también son medio raritos. Las personas con apego seguro suelen tener límites sanos y flexibles porque, por lo general, la vida no les da miedo. Pueden expresar lo que necesitan porque confían en que sus necesidades serán respetadas, pero tampoco les importa que los demás las cuestionen porque dan por sentado que velan por sus intereses y su crecimiento personal.
- **Apego evitativo.** El 20% de la población tiene un estilo de apego que se denomina evitativo. Son personas a las que les cuesta confiar o depender de los demás y, a grandes rasgos, se sienten incómodas con el nivel de proximidad que los demás quieren de ellas. Las personas con apego evitativo

son las que es más probable que tengan unos límites rígidos. Debido a sus experiencias vitales, sus cerebros no dejan de gritar: «¡Que se chinguen estos cabrones, no podemos confiar en ellos!».

- **Apego ansioso.** El 20% restante (porcentaje que seguramente ya habrás adivinado si sabes un poco de matemáticas) tiene un estilo de apego ansioso. Esas personas suelen estar preocupadas por si los demás no los quieren o no quieren estar con ellas, o por si ahuyentarán a su pareja. Suelen anhelar una proximidad con los demás que nunca llegan a conseguir. Las personas con apego ansioso tienden a tener unos límites más bien permeables, ya que se dejan pisotear frecuentemente para intentar complacer a los demás.

Estas son las tres categorías básicas que los investigadores identificaron a finales de la década de los setenta y a principios de la de los ochenta. Los estilos de apego se observaron por primera vez en niños y en la relación que tenían con sus cuidadores, y se trasladaron a los adultos para comprobar si se mantenían en relaciones adultas.

Estas categorías tienen mucho sentido, pero en realidad no tienen en cuenta las distintas manifestaciones de los estilos de apego en nuestra vida cotidiana. Se siguieron haciendo estudios en la década de los noventa y concluyeron que los apegos evitativos y ansiosos no tienen por qué ser excluyentes: se ve que, para complicar aún más las cosas, algunas personas pueden tener ambos estilos. Así que, a fin de cuentas, nuestras respuestas de apego pueden parecerse a cualquiera de las siguientes opciones.

Eso también explicaría por qué a veces nuestros límites oscilan entre ser demasiado rígidos o demasiado permeables, ya que depende de cuál de nuestros problemas de apego se active en cada situación en concreto.

Los estudios han demostrado que existe una correlación moderada entre los estilos de apego que tuvimos durante la infancia y los estilos de apego que tenemos cuando somos adultos. Nuestro punto de partida puede ser un factor decisivo del estilo de apego que tengamos más adelante. Siempre reaccionamos según nuestras experiencias pasadas hasta que aprendemos a hacerlo de manera distinta. Además, los tipos de relaciones que tengamos como adultos pueden reforzar o reprogramar nuestros estilos de apego.

(Era obvio, ¿no?)

Por lo tanto, si mantenemos los mismos estilos de apego al llegar a la adultez, estos afectarán nuestra manera de establecer, de imponer y de respetar los límites. Si tus respuestas parten de un estilo de apego evitativo, es mucho más probable que te atrincheres en unos límites rígidos. En cambio, si tu estilo de apego está más bien situado en territorio ansioso, puede que pisotees los límites del resto (o que dejes que los demás pisoteen los tuyos) en un intento por sentirte más próximo y conectado con los demás.

Pero, no te paniquees, esto no quiere decir que estés condenado o algo así. ¿Notaste que dije que la correlación existente es *moderada*? Esto significa que, si tomas conciencia de tu pasado y reconoces hasta qué punto conforma tu presente, podrías llegar a cambiar tus respuestas y reprogramar tus patrones de reacción. Eso es justamente lo que haremos al final del libro.

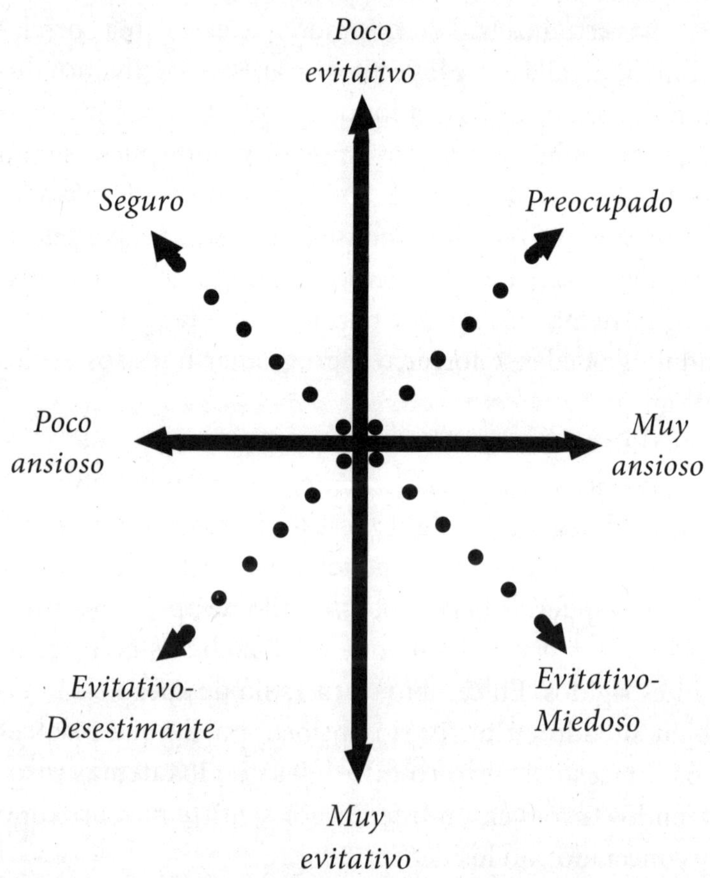

Preguntas para reflexionar

- ¿Tus padres u otros cuidadores se mostraban retraídos o distantes contigo? ¿Qué es lo que no sabían o no comprendían de ti? ¿En qué ocasiones no te apoyaron o no estuvieron presentes?
  - ¿Cómo afectó todo esto a la imagen que tenías de ellos y del mundo?
  - ¿Qué normas aplicaste a los demás después de tomar como base estos patrones?
- ¿Tus padres y otros cuidadores se metían mucho en tu vida? ¿Te utilizaban para satisfacer sus necesidades? ¿Cuáles de sus valores, creencias y preferencias esperaban que compartieras?
  - ¿Cómo afectó todo esto a la imagen que tenías de ellos y del mundo?
  - ¿Qué normas aplicaste a los demás después de tomar como base estos patrones?
- ¿Cómo han afectado esta manera de ver la vida y estas normas a tus relaciones actuales?
- ¿Has notado alguna correlación entre tus patrones de apego y el hecho de tener unos límites demasiado rígidos?
- ¿Y unos límites demasiado permeables?

PERSONALIDADES ALTAMENTE CONFLICTIVAS

Si ahora, que estamos hablando sobre transgresiones de los límites y de por qué se nos joden, no te dijera que hay ciertos tipos de rasgos de la personalidad que son mucho más propensos a causar problemas con los límites en las relaciones, sería una charlatana. Pero, antes de entrar en terreno espinoso, es importante que hablemos primero de las personas que son altamente conflictivas. Un individuo con una personalidad altamente conflictiva (HCP, por sus siglas en inglés) es alguien con unos patrones de comportamiento que suelen incrementar los conflictos que hay en su vida, en vez de resolverlos o reducirlos. No estamos hablando de comportamientos intencionadamente malvados o manipuladores, sino de comportamientos reactivos o adaptativos.

Estoy utilizando el término *personalidad altamente conflictiva* frente a otros términos clínicos o diagnósticos (como *narcisismo* o *histrionismo*) porque no estoy hablando exclusivamente de enfermedades mentales y porque no quiero patologizar la manera como estamos programados para responder al mundo según nuestras experiencias anteriores. Muchas personas entran en modo altamente conflictivo para intentar recuperar el control de una situación cuando sienten que lo han perdido por completo. Y, al hacerlo, a menudo se llevan los límites de los demás por delante.

En realidad, es algo muy común, porque ser un ser humano no es nada sencillo, ¿a qué no? Según Billy Eddy, el terapeuta y abogado que acuñó este término, alrededor de un 15% de los habitantes de Estados Unidos tiene personalidades altamente conflictivas. Pero, en contraposición, menos del 1% de la población ha sido diagnosticada con trastorno de la personalidad narcisista, y menos del 2%, con trastorno histriónico de la personalidad. De hecho, me atrevería a decir que casi todo el mundo en algún momento de su vida ha exhibido un comportamiento altamente conflictivo. Y algunas personas (¿un 15%, más o menos?) viven en ese espacio mental de manera habitual.

Muchas veces las personas con límites más permeables emiten una *batiseñal* para las personas altamente conflictivas, ya que les toleran tantas pendejadas a estas últimas que entonces no tienen que examinarlas ni responsabilizarse de ellas.

Las primeras preguntas que seguramente te vendrán a la mente serán: «¿Quién chingados querría pasarse el día peleándose con los demás? ¿Acaso las personas con HCP son gente de mierda que siempre está encabronada?». No en realidad. Sin embargo, debido a su visión del mundo, el conflicto les parece una opción viable para resolver cualquier disputa. Si por culpa de tus experiencias pasadas aprendiste que tener tus necesidades cubiertas es una lucha constante, siempre estarás listo para pelear.

Echemos un vistazo a algunas de las características de las personas con una personalidad altamente conflictiva, según el High Conflict Institute de Bill Eddy:

- **Autocontrol limitado de las emociones.** Las personas con HCP sienten las emociones con mucha intensidad y casi siempre están dominadas por emociones negativas. Sus respuestas suelen ser desproporcionadas a la situación en la que se encuentran. Todos estamos programados para prestar más atención a las emociones negativas, ya que se trata de un instinto de supervivencia. Todos tenemos historias que configuran nuestra manera de responder emocionalmente ante el mundo. Todos hemos respondido alguna vez de una manera que los demás han considerado irracional, pero que era lo que sentíamos en el momento. Sin embargo, las personas con HCP lo hacen de manera habitual. No es que estén equivocadas, sino que, simplemente, sienten lo que sienten y no saben manejarlo bien.
- **Autocontrol limitado del comportamiento.** Estamos programados para reaccionar según nues-

tras emociones. Por lo que, si nuestras emociones son intensas, nuestro comportamiento también lo será, a menos que seamos conscientes de ello. En caso de tener un autocontrol del comportamiento limitado, tu comportamiento sería muy reactivo y estaría centrado en controlar a los demás para que así pudieras sentir que dominas la situación.

- **Pensar en blanco y negro.** Este error de pensamiento tan común se da porque tenemos el cerebro configurado por defecto para que lo etiquete todo como bueno o malo, correcto o incorrecto, sí o no. Cuando una persona con HCP detecta que algo está mal o es incorrecto, intenta corregirlo. Puede que haya un trillón de opciones dentro de la gama de grises que para ti resulten superobvias, pero esas personas no perciben el mundo de la misma manera, por lo que son incapaces de verlas.
- **Externalizar.** Las personas con HCP ven los problemas como algo externo a ellas. Solo se dan cuenta de la situación cuando son las perjudicadas, pero nunca cuando causan daño a otros. No se responsabilizan de su parte de las interacciones y culpan a otros de sus problemas. Se trata de una reacción extrema al error de atribución que todos tenemos programado por defecto en nuestro cerebro. Pero recuerda que este tipo de personas solo piensan en blanco y negro, así que, cuando perciben que un problema viene del exterior, consideran que la persona a quien ellas atribuyen la causa del problema es la responsable de resolverlo.

El objetivo de toda esta información no es que empieces a decir a la gente de tu entorno cosas como «Según la Dra. Faith, es evidente que tienes HCP y deberías aprender a gestionar tus conflictos». El objetivo es ayudarte a comprender cómo ve el mundo una persona que parece estar en un estado combativo constante y a que te des cuenta de que tal vez tú también tengas esta mentalidad... Por lo menos en ciertas situaciones. Solo podremos empezar a cambiar nuestras situaciones si tomamos conciencia de ellas.

Muchos de los trucos comunicativos que encontrarás en la siguiente sección del libro sirven específicamente para contener situaciones altamente conflictivas. Para proteger tus límites sin enfurecer a alguien que tenga una mentalidad altamente conflictiva. Aunque, sinceramente, estos trucos te servirán para gestionar todo tipo de conversaciones como si fueras un campeón, incluso cuando tengas que lidiar con una persona que no siempre tenga su máscara de luchador puesta.

Lo primero que debes preguntarte es: «¿Realmente es necesario que responda?».

Cuando alguien se dirige a ti de manera altamente conflictiva con un mensaje de texto, un correo electrónico o por redes sociales (e incluso en persona), a veces lo mejor que puedes hacer es, simplemente, no responder. Plantéate las siguientes preguntas:

- ¿Cuáles son las posibles consecuencias de responder?

- ¿Cuáles son las posibles consecuencias de no responder?

Si me pusiera a contestar todos los comentarios absurdos y de mierda de la gente, no tendría tiempo para escribir este libro sobre cómo responder los comentarios absurdos y de mierda de la gente. Es increíble lo deprisa que puede llegar a calmarse una situación ante la falta de respuesta. A medida que practiques este truco, te irás dando cuenta de que muchas veces la mejor opción es no responder nada.

Sin embargo, a veces no responder puede acarrear otras consecuencias, por lo que tendrás que aprender a lidiar con actitudes de mierda. Por ejemplo, si un compañero de trabajo insiste en que un problema ocurrió por tu culpa, seguramente tendrás que responder para evitar consecuencias negativas con tu supervisor. Si en la actualidad te encuentras en esta situación, que no te dé cosa saltarte unas cuantas páginas del libro (échale un vistazo a la herramienta comunicativa de las cuatro C, que encontrarás en el capítulo sobre cómo comunicarte en situaciones de conflicto, más adelante).

Antes de pasar al siguiente tema, hay otro asunto que debo tratar en esta sección del libro porque es mucho más común de lo que nos pensamos y deberíamos hablar mucho mucho mucho más de ello.

CONTROL COERCITIVO

Por si todo lo que ya hablamos sobre por qué se nos joden los límites fuera poco, tenemos que abordar otro gran tema. Se trata de una forma de abuso que casi siempre es legal y que consiste en transgredir sistemáticamente los límites de una persona hasta controlarla por completo.

El control coercitivo hace referencia a los patrones de comportamiento que transgreden los límites con regularidad y que infunden miedo para conseguir la conformidad de los demás. Este término lo acuñó Evan Stark, quien además lo usó como título para el libro que publicó en 2007. Su obra reveló que, si alguien transgrede nuestros límites de manera organizada y sistémica, puede llegar a crear un patrón de comportamiento que nos arrebate la libertad de decidir y la capacidad de definir nuestra propia persona.

Los estudios del Dr. Stark demuestran que el control coercitivo está presente hasta en el 80% de las relaciones abusivas, lo que significa que solo el 20% de las relaciones abusivas están definidas, estrictamente, por la violencia física. Además, dado que se trata de algo que no se puede medir de manera eficiente (si es que acaso se mide), es imposible adivinar el número de relaciones de la población general en las que uno de los miembros abusa del otro a través de estos patrones de coerción.

El control coercitivo no es, simplemente, una versión más extrema del comportamiento de las personas con personalidad altamente conflictiva. Las respuestas altamente conflictivas suelen darse porque las personas perciben que sus vidas están fuera de control y creen que el conflicto es la mejor herramienta de la que disponen para recuperarlo. No cabe duda de que este tipo de comportamiento destroza los límites de los demás y que las personas empáticas pueden sentirse atacadas y manipuladas por las personalidades altamente conflictivas; pero, en cualquier caso, ese no es el objetivo de la persona que inicia el conflicto.

El control coercitivo, en cambio, es estratégico, racional y regular... No se trata de una reacción puntual en caliente. Los individuos que utilizan el control coercitivo desean los beneficios sociales y materiales que pueden llegar a obtener al destrozar la mente de otra persona para poseerla.

Pensemos que los juegos psicológicos, la degradación, el aislamiento, la intimidación, el pasar revista y el cambiar de normas constantemente no son acciones ilegales. Por lo tanto, son técnicas mucho más prácticas para retener a alguien como rehén si se les compara con la violencia física. No se trata de golpear a nadie, sino de joderle la mente. Es puro terrorismo emocional: el verdadero motivo por el cual es tan difícil dejar a una pareja abusiva. Y lo que explica por qué tantos sobrevivientes de abuso sufren estrés postraumático.

Cuando la violencia de pareja física y sexual se volvió socialmente inaceptable en los setenta, los abusadores tuvieron que encontrar otras maneras de ejercer el control sobre sus víctimas... De hecho, el aumento del control coercitivo durante estas últimas décadas tiene relación directa con el aumento de las consecuencias legales por infringir daños físicos o sexuales a la pareja.

El Dr. Stark observó que el control coercitivo está impregnado de privilegios de género (y, en caso de que te lo estés preguntando, el Dr. Stark es un hombre cisgénero y heterosexual), por lo que centró su trabajo en las relaciones heterosexuales cisgénero en las que los hombres utilizaban técnicas de control coercitivo contra sus parejas femeninas. Descubrió que las mujeres son mucho más propensas a sufrir control coercitivo debido a la desigualdad política y económica que permite sistemáticamente que los hombres cisgénero se aprovechen de nosotras en todos los ámbitos. Ya estamos otra vez con lo insidiosamente normalizada que está la cultura de la violación.

Los números no mienten; pero, según mi experiencia como terapeuta, puedo dar fe de que el control coercitivo abarca mucho más de lo que se recoge en esta definición tan limitada... El control coercitivo está presente en todo tipo de relaciones íntimas, en las comunidades LGTBQ, en relaciones familiares, en los grupos de amigos, y en las relaciones entre los empresarios y sus trabajadores.

En todos los casos, la situación de desigualdad sigue siendo el denominador común en las dinámicas entre controladores y controlados. Aquellos que tienen menos poder tienden mucho más a experimentar comportamientos opresivos por parte de las personas de las cuales dependen para conseguir comida, alojamiento, apoyo financiero o seguridad.

Pero ¿cómo se crean estas dinámicas? Se trata de un proceso sistemático y consciente. Vivir en una sociedad que pone en el centro las relaciones en las que alguien tiene poder sobre otro permite e incluso incentiva que se posean los cuerpos y las almas de los demás. A pesar de que la mayoría no recurren nunca a este tipo de abuso de poder, hay otra parte que sí lo hace. Es cierto que las personas que ejercen el control coercitivo tienen un componente de predisposición (naturaleza), aunque se trata, esencialmente, de un comportamiento aprendido (crianza) que perpetúan sin ningún tipo de reparo, puesto que las víctimas no son conscientes de que lo están sufriendo.

Lo primero que hacen las personas controladoras para preparar el terreno es romper toda la red de apoyo de su víctima. Buscan individuos con vulnerabilidades que puedan explotar; por ejemplo, personas muy marginadas (por ser pobres, por ser inmigrantes en situación irregular, por estar aisladas, etcétera) o que tengan unos límites muy permeables, debido a su historial de abuso, que puedan trastornar casi de inmediato.

Entonces, se las arreglan para erigirse como salvadores y crear así una deuda que su víctima, desempoderada, siente que tiene que pagar. Por ejemplo, puede que la rescaten económicamente de una mala situación. O que la bombardeen con amor y la llenen de atenciones y cuidados en un momento en el que no se siente bien y está desesperada por un poco de afecto. Después retienen a la pareja vulnerable asegurándole que cada vez sienten más apego por ella y menos por los demás. A partir de entonces, van desgastando su resistencia, en vez de eliminarla a la fuerza.

A continuación, encontrarás una lista con algunas de las señales más evidentes de que estás bajo el control coercitivo de alguien, además de unas cuantas banderas rojas a las que deberías prestar atención cuando inicies una relación. Si al leerlas te das cuenta de que tu relación tiene estos patrones, quiero que sepas que puedes encontrar apoyo para salir de una situación abusiva. Incluso aunque nunca te hayan agredido físicamente, los organismos contra la violencia de género pueden ayudarte a trazar un plan para que puedas salir indemne de esa relación (o quedarte en ella de manera segura, si es que esta es la opción que más te conviene ahora mismo).

Señales de control coercitivo

Cuando lees todas estas situaciones en una misma lista, resulta muy evidente que estás en una relación abusiva. Sin embargo, cuando te encuentras en una, no te das cuenta hasta que no tomas distancia y lo ves todo con un poco de perspectiva.

Los elementos de esta lista están basados en los que utilizan los investigadores para determinar si hay control coercitivo en las parejas románticas:

- Controlar o limitar tu contacto con los demás (amigos, familiares, etcétera). Por ejemplo, por teléfono, por internet o por chats.
- Querer tener todas tus contraseñas y acceso a todas tus cuentas (en cambio, tú no tienes acceso a las suyas).
- Controlar tus movimientos a través de tu teléfono celular («por tu seguridad»).
- Exigir información sobre tus movimientos (dónde, cuándo y con quién).
- Impedirte físicamente ir a algún sitio o salir de casa (no tiene por qué haberte puesto las manos encima; basta con que te haya bloqueado la puerta, escondido las llaves, etcétera).
- Espiarte y acecharte para vigilar tus movimientos.
- Controlar la ropa, los gastos y los objetos que tienes en casa para estar al tanto de lo que haces.
- Grabar tu voz o tu imagen sin tu consentimiento e incluso amenazarte hasta que consientas.

- Preguntar a los demás por tu vida (a tus hijos, a tus familiares, a tus amigos, a tus vecinos).
- Exigir cambios en tu apariencia física (que te arregles o te vistas de cierta manera, que estés dentro de un rango de peso, etcétera).
- Controlar los recursos de la casa (las cuentas bancarias, los vehículos, el salario que ganan entre los dos).
- Controlar tu acceso a la atención médica.
- Exigir intimidad sexual en general o actos sexuales en concreto (tanto con quien ejerce el control coercitivo como con otras personas a petición suya).
- Controlar el uso de métodos anticonceptivos o de prevención de ETS.
- Interferir o poner en peligro tu situación legal de inmigración o ciudadanía.
- Crearte problemas legales.
- Atentar contra tu derecho a la vivienda. Por ejemplo, amenazar con echarte de la casa si la está pagando esa persona o romper las normas de un departamento en renta para que les anulen el contrato y los echen.
- Controlar todas las decisiones y las tareas parentales.
- Amenazar con hacerte daño.
- Utilizar la violencia física contra otras personas u objetos para asustarte (golpear las paredes, hacer daño a una mascota, etcétera).
- Asustarte hasta la sumisión.
- Amenazar con autolesionarse como venganza por tu comportamiento.

- Autolesionarse como represalia por tu comportamiento.
- Impedirte ir al trabajo, hacerte llegar tarde al trabajo, perturbar tu jornada laboral o conseguir que te despidan.
- Destrozar tus cosas.
- Destrozar cosas de tus amigos y de tus familiares.
- Tener armas y amenazarte (de manera abierta o velada) con usarlas contra ti u otras personas.

Banderas rojas de una pareja manipuladora o de una pareja que utiliza el control coercitivo al inicio de la relación

Además de los comportamientos más evidentes descritos en la sección anterior, hay muchas otras maneras de ejercer el poder sobre otro ser humano. Las situaciones que encontrarás a continuación podrían ser comportamientos alarmantes al principio de una nueva relación y podrían ir intensificándose con el paso del tiempo; aunque también podrían darse en relaciones más largas e indicar la existencia de un problema de transgresión sistémica de los límites. Este tipo de comportamientos son más bien denigrantes, que no controladores, pero si los recibimos de manera continua pueden acabar desgastándonos la resistencia, igual que ocurre en las relaciones donde impera el control coercitivo.

- Ser maleducado o mostrarse despectivo con tus familiares y tus amigos.
- No querer que hagas nada con tus familiares y tus amigos si no está presente.
- Excusar todos sus comportamientos, en vez de responsabilizarse de ellos.
- Estar permanentemente en contacto durante todo el día.
- Exhibir comportamientos que chocan con tu sistema de valores y esperar que los perdones porque «no es para tanto» o «solo era una broma» (por ejemplo, hacer comentarios racistas).
- Bromear, supuestamente, sobre tu apariencia, tus pasiones, tu inteligencia, tu cultura, tu género o tu identidad.
- Cuestionar constantemente tu visión del mundo, tus motivos, etcétera (frente a querer entenderlos mejor).
- No apoyar ni tus valores ni tus pasiones.
- Iniciar peleas para que te sientas obligado a hacer las paces.
- Dar por sentado que siempre estarás pendiente de su atención o no valorar tu tiempo.
- No admitir nunca su parte de culpa en el fin de sus relaciones anteriores.
- Dar por sentado que te parecerá bien su comportamiento a pesar de que tú no puedas actuar igual.
- Ser maleducado con las personas que le parecen inferiores (personal de servicio al cliente, personal de intendencia, meseros, etcétera).

- Minimizar tus sentimientos e ignorar lo mucho que sus decisiones y comportamientos te afectan de manera negativa (por ejemplo, acusarte de ser demasiado sensible).
- Interpretar tu desacuerdo como una falta de comprensión o de escucha activa.
- Cuestionar tu criterio (con frases como «¿En serio vas a ponerte eso?»).
- Poner en duda o menospreciar tus decisiones, incluso aunque sean intrascendentes.
- Amenazar con dejarte en ridículo.
- Perturbar el bienestar de las personas que te importan para perjudicar tu bienestar o el de tus seres queridos.
- Hacerte responsable de su felicidad, estabilidad y satisfacción.
- Mostrar celos por la atención que prestas a otras personas.

Estrategias de control coercitivo usadas contra lesbianas, gays, plurisexuales, transexuales y personas no binarias

La lista de tácticas de control y poder que encontrarás a continuación fue creada por FORGE Forward, una página web estadounidense con un montón de recursos fantásticos para personas trans. Sin embargo, según mi experiencia, muchos de los puntos de la lista también pueden aplicarse a todas las relaciones en las que al menos uno de los miembros no sea heterosexual, por mucho que sea cisgénero. Te dejo la lista en cuestión con algunos puntos de mi propia cosecha basados en mi experiencia profesional y en la experiencia de mis amigos:

- Despreciar, desdeñar y faltar al respeto a tu identidad (nombres, pronombres, etcétera).
- Reírse o menospreciar estos mismos marcadores de identidad.
- Ridiculizar tu apariencia.
- Negar tu identidad (decirte que no eres un hombre, mujer o persona no binaria de verdad, etcétera).
- Utilizar términos peyorativos para referirse a tu identidad o a aspectos de tu identidad (incluso a partes de tu cuerpo).
- Decirte que nadie te querrá nunca.
- Expresar que eres una vergüenza para las comunidades o los colectivos a los que perteneces (la comunidad LGTB, tu comunidad religiosa, tu equipo de boliche, etcétera).
- Negarse a dejarte discutir asuntos concretos de tu identidad.
- Amenazar con sacarte del clóset frente a personas con las que todavía no lo has hecho.
- Valerse de las opiniones negativas de los demás para hacerte daño (por ejemplo, incitar a un religioso fundamentalista a que te salve).
- Utilizar el sistema de salud o judicial en tu contra (amenazarte con un internamiento psiquiátrico, con acciones policiales, etcétera).

- Limitarte o negarte el acceso a tratamientos médicos afirmativos (terapia, hormonas, cirugía, etcétera).
- Limitarte o negarte el acceso a objetos personales afirmativos (ropa, prótesis, etcétera).
- Fetichizar tu cuerpo.

¿Se puede arreglar el control coercitivo?

La mayoría de las personas que se dedican a controlar a los demás no quieren cambiar. Por eso, en estos casos, es mucho más importante centrarse en la seguridad de la víctima. Sin embargo, no todos los casos son iguales. Los estudios han demostrado que, cuando un individuo recibe apoyo terapéutico centrado en establecer límites apropiados e igualdad en las relaciones, junto con estrategias conductuales para gestionar la violencia y el deseo sistemático de controlar, puede dejar de tratar a los demás de esa manera para siempre.

De hecho, las investigaciones demuestran que este tipo de apoyo es mucho más eficiente que el encarcelamiento para prevenir futuras violencias. Esto tiene todo el sentido del mundo: el sistema penitenciario de Estados Unidos está más bien diseñado para perpetuar los modelos de tener poder sobre alguien, en vez de recompensar el estilo de compartir el poder con alguien. Ellen Pence desarrolló un modelo en Minnesota, llamado Proyecto de Intervención del Abuso Doméstico, que demostró tener unas tasas de éxito muy altas y que ahora se usa en todo Estados Unidos.

También hay algunos terapeutas que tratan estos temas en sus consultas privadas. Puedes buscar profesionales en tu zona que ofrezcan tratamientos para criminales o llamar a un centro de crisis de violaciones y pedir referencias de profesionales médicos.

Y sí, confirmo que he trabajado con personas que se han dado cuenta de sus banderas rojas por sí mismas y han querido analizar las experiencias personales que las han llevado a comportarse de esta manera para poder tomar decisiones correctas en un futuro. Y las he visto tener relaciones sanas. No podemos volver atrás y cambiar nuestro pasado, pero sí podemos tomar la decisión consciente de cortar de raíz con este comportamiento y hacer cambios significativos.

El mayor indicador de éxito para erradicar un comportamiento abusivo es que la persona que ejerce el control coercitivo se dé cuenta de lo que está haciendo y quiera cambiar. Así que, si ves algunas de estas banderas rojas en tu propio comportamiento y te das cuenta de que hay que acabar con ellas, sin duda, tienes un nivel de introspección impresionante. Si quieres empezar a trabajar en este aspecto de tu vida, los últimos capítulos de este libro y los ejercicios de tomar responsabilidad del «Cuaderno de actividades» de este libro pueden ser un buen punto de partida... Pero, seguramente, necesitarás apoyo para poder realizar unos cambios tan significativos en tus relaciones. Ahora bien, te aseguro que hacer el esfuerzo para poder tener relaciones libres de miedo en un futuro vale la pena.

La prueba del no

Al principio, la violencia y el abuso no son evidentes. Suelen empezar con un sentimiento de propiedad que acaba transformándose en control coercitivo y, a veces, en transgresiones externas de los límites. Así que, si estás empezando una Relación Nueva (™) y las cosas parecen ir viento en popa, no está de más comprobar cómo responde la Persona Nueva a los límites.

La *prueba del no* la creó el consejero de abuso doméstico australiano Rob Andrew, y es sorprendentemente sencilla. Se trata simplemente de evaluar cómo responde alguien cuando le dices «no» por primera vez.

Es mucho mejor hacerlo al principio de la relación con alguna cuestión sin mucha importancia que antes de encontrarte casado y discutiendo sobre si deberían bautizar a sus hijos.

Por ejemplo, cuando mi señor marido y yo llevábamos un mes saliendo, mi empresa organizó una fiesta de Navidad. Le mencioné que iría y él me dijo que estaría encantado de acompañarme. Cuando le respondí con un «no, gracias», enseguida lo comprendió y contestó: «¿Demasiado pronto? Lo entiendo, no te preocupes». Bien bajado ese balón, querido amor moderno.

Se trata de buscar alguna señal de control en su respuesta. Que alguien esté decepcionado porque le dijiste que no es completamente normal. Que alguien se enoje o se altere porque no te sientes a gusto con su plan es una muestra de que tiene una personalidad controladora. ¿Discute tu decisión? ¿Intenta obligarte a decir que sí, en vez de negociar teniendo en cuenta tus expectativas?

La *prueba del no* puede ser una parte importante del proceso de sanación de las personas que fueron víctimas en el pasado, pues consiste en reconocer y priorizar tus límites por encima de la comodidad de los demás. Cuando internalizamos nuestro derecho a decir que no, es mucho menos probable que nos responsabilicemos de cómo responden los demás ante nuestros límites.

¡DETENTE! ES HORA DE VIVIR EL MOMENTO 5… 4… 3… 2… 1

Porque sí, estas últimas páginas han sido difíciles. Así que ahora toca comprobar que estás bien, asegurarte de que estás en el presente y de que no te alteraste. Este ejercicio de anclaje requiere tus cinco sentidos, ya que así es como conseguimos conectar y estar presentes en el mundo que nos rodea. ¡En marcha!

1. Fíjate en **cinco** cosas que **veas** a tu alrededor y enuméralas (en voz alta o en tu cabeza).
2. Ahora fíjate en **cuatro** cosas que estén a tu alrededor y que puedas **tocar**, y enuméralas. No tienes por qué tocarlas, pero hazlo si así lo deseas.
3. Ahora fíjate en **tres** cosas que **oigas** a tu alrededor y enuméralas.
4. Ahora fíjate en **dos** cosas que **huelas** y enuméralas. Tienes totalmente permitido ir a buscar algo, como el jabón del baño o lo que se te ocurra.
5. Ahora fíjate en **una** cosa que puedas **saborear**. Puedes ir a buscar algo a la cocina si quieres, pero el sabor que te quedó del almuerzo o de la pasta de dientes en la mañana también cuenta. Opta por lo que más te convenga.

CUARTA PARTE
RESPETA MIS PINCHES LÍMITES

Ya estamos llegando a la sección divertida del libro. A ver, divertida... lo que se dice divertida... Pero por lo menos dejaremos de hablar de lo mal que está el mundo. A partir de aquí solo encontrarás un montón de información sobre cómo ser una persona proactiva en tus interacciones diarias. Los ejercicios de esta parte del libro te ayudarán a comprender tus propios límites y a comunicarlos, incluso cuando te resulte extraño e incómodo hacerlo.

Por supuesto, aprenderemos a evaluar a la gente de nuestro alrededor y nuestra manera de relacionarnos en cuestión de límites. Pero no solo analizaremos si los demás respetan nuestros límites, sino también si nosotros respetamos los suyos, ya que tarde o temprano todos la cagamos. También hablaremos sobre qué podemos hacer cuando alguien transgrede nuestros límites, y de cómo responsabilizarnos cuando somos nosotros los que transgredimos los límites de los demás.

Estamos instigando un cambio cultural. La cultura es todo lo que creamos, así que vamos a participar en este acto de creación de manera consciente y significativa. ¿Recuerdas que dije que los humanos somos participantes activos de nuestra propia evolución? Pues este es el punto de partida.

ANALIZA TUS LÍMITES

El primer paso consiste en comprender tus propios límites.

Esta es la parte en la que tienes que escucharte a ti mismo y prestar atención a las respuestas que encuentres. Cuando comiences a trabajar en ello, quiero que sepas que no pasa absolutamente nada si surgen cosas que te sorprendan un chingo o si entras en pánico porque no tienes ni puta idea de cuál es la respuesta. No pasa nada, compañero. De hecho, no sería raro teniendo en cuenta que vivimos en una cultura en la que nunca nos dijeron de pequeños: «Oye, los límites son fundamentales, ¿qué consideras importante?».

A menos que seas un gato («¡Toca una sola de mis almohadillas y te juro que te mato!»), es probable que hayas tenido más de un problema para identificar y comunicar tus límites. Pero podemos trabajarlo; por un lado, prestando atención a nuestras reacciones viscerales y, más a largo plazo, a las respuestas de las personas que interactúan con nosotros.

Analiza tus propios límites de manera consciente y plena. Pide a algunas personas de confianza que te den su opinión (a tus increíbles amigos, al chingón de tu terapeuta, etcétera) y observa cómo reacciona tu cuerpo a sus palabras.

Ahora te encuentras en un punto en el que seguramente eres bastante consciente de lo que tienes que trabajar con respecto a tus límites, ya sea seguir descubriendo cuáles son, aprender a comunicarte mejor con los demás (o por lo menos con ciertas personas), etcétera. A continuación, te dejaré unas cuantas preguntas para que empieces este proceso. Toma papel y un lápiz (o el «Cuaderno de actividades» que encontrarás al final de este libro) o, simplemente, reflexiona sobre las siguientes preguntas:

- ¿Eres capaz de nombrar algunos de tus límites físicos? ¿Son rígidos, flexibles o permeables?
- ¿Quieres abordar alguna cuestión relacionada con tus límites físicos? ¿Qué quieres explorar en esta categoría?
- ¿Eres capaz de nombrar algunos de tus límites de la propiedad? ¿Son rígidos, flexibles o permeables?
- ¿Quieres abordar alguna cuestión relacionada con tus límites de la propiedad? ¿Qué quieres explorar en esta categoría?

- ¿Eres capaz de nombrar algunos de tus límites sexuales? ¿Son rígidos, flexibles o permeables?
- ¿Quieres abordar alguna cuestión relacionada con tus límites sexuales? ¿Qué quieres explorar en esta categoría?
- ¿Eres capaz de nombrar algunos de tus límites emocionales-relacionales? ¿Son rígidos, flexibles o permeables?
- ¿Quieres abordar alguna cuestión relacionada con tus límites emocionales-relacionales? ¿Qué quieres explorar en esta categoría?
- ¿Eres capaz de nombrar algunos de tus límites intelectuales? ¿Son rígidos, flexibles o permeables?
- ¿Quieres abordar alguna cuestión relacionada con tus límites intelectuales? ¿Qué quieres explorar en esta categoría?
- ¿Eres capaz de nombrar algunos de tus límites espirituales? ¿Son rígidos, flexibles o permeables?
- ¿Quieres abordar alguna cuestión relacionada con tus límites intelectuales? ¿Qué quieres explorar en esta categoría?
- ¿Eres capaz de nombrar algunos de tus límites temporales? ¿Son rígidos, flexibles o permeables?
- ¿Quieres abordar alguna cuestión relacionada con tus límites temporales? ¿Qué quieres explorar en esta categoría?

Ahora ha llegado la hora de comprobar tu reacción visceral. Cierra los ojos, respira profundamente y vuelve a plantearte estas cuestiones:

- ¿Cuál fue tu respuesta emocional al leer todas las preguntas anteriores? No te estoy preguntando por lo que crees que deberías haber contestado ni por lo que sabes intelectualmente que deberías haber contestado, sino por lo que respondió tu cuerpo.
- ¿Obtuviste alguna respuesta distinta?
- ¿Tu cuerpo te recordó alguna cosa que inicialmente no se te había ocurrido?

Si no estás seguro de saber identificar tu reacción visceral o cómo interpretarla, puede que el siguiente ejercicio ayude... ¡Qué casualidad!, ¿verdad?

MEDITACIÓN DEL AMOR BENEVOLENTE DE LOS LÍMITES

La meditación del amor benevolente (también conocida como meditación Metta o Maitri) consiste en honrar nuestro deseo de librarnos del sufrimiento. Se trata de un concepto budista, pero la versión más secular es la autocompasión, es decir, el proceso de lograr un cambio positivo en nuestras vidas tomando conciencia de nuestras experiencias, en vez de tratarnos como una mierda por ser seres humanos falibles, ya que hacerlo no nos ayuda a mejorar a largo plazo.

Por eso trabajar los límites es crucial para la autocompasión.

Kristen Neff y Christopher Germer, investigadores de la autocompasión, sugieren que para encontrar tu propio mantra debes preguntarte:

«¿Qué necesito? ¿Qué necesito realmente?».

Este proceso es una herramienta maravillosa para comprender tus límites y establecerlos de manera consciente. Normalmente, las frases empiezan con *que* y un verbo en subjuntivo, una fórmula usada en las enseñanzas budistas para orientar el corazón hacia una dirección positiva. Aquí te dejo unas frases de ejemplo:

«Que no reciba tocamientos indeseados».
«Que me respeten por mis creencias».
«Que tenga espacio para pensar, sentir y soñar».

También te digo que no pasa nada si no tienes ni puta idea de lo que necesitas. En serio. Darte cuenta de que no sabes algo es el primer paso para averiguarlo. Al fin y al cabo, hasta ahora habías salido adelante sin ni siquiera darte cuenta de que estabas desatendiendo algo, ¿verdad? En este caso, tal vez las frases serían más del tipo:

«Que aprenda a sintonizar con mi auténtica voz interior».
«Que sea compasivo conmigo mismo por lo mucho que me cuesta este proceso».
«Que sea paciente conmigo mismo mientras descubro lo que me importa».

Qué buen truco mental, ¿verdad? ¿Quién diría que darse cuenta de que algo es difícil haría que resultara un poco más sencillo de hacer? Mejorar no es algo mágico e instantáneo; pero, si perseveras, acabarás viendo resultados. Te lo prometo.

LIDIAR CON EL TIRO DE RETORNO

Tiro de retorno es un término utilizado por los bomberos para describir lo que ocurre cuando el oxígeno del que se ha estado alimentando un incendio se acaba, pero de repente entra más oxígeno en el espacio y reaviva las llamas.

Neff y Germer, los investigadores de la autocompasión, hablan del tiro de retorno como una parte habitual del proceso para aprender la autocompasión. Cuando llevamos mucho tiempo desconectados de nuestras propias necesidades, puede que prestar atención a los límites y comunicarlos actúe como oxígeno renovado y avive nuestros viejos traumas, patrones de apego y fijaciones sobre cómo *deberíamos ser*. Y entonces nos sentimos de la chingada.

Puede que entonces relacionemos estos sentimientos negativos con la atención que hemos empezado a prestar a los límites, pero en realidad los límites son el oxígeno renovado. A medida que vayan surgiendo nuestros antiguos sentimientos, podremos lidiar con ellos y soltarlos (o, siguiendo con la metáfora, dejarlos morir en el incendio, tal y como se merecen).

Puede que sientas cierta inquietud, irritabilidad o inseguridad con respecto a cosas de las que antes no habías dudado. Incluso puede que vayas oscilando entre estos sentimientos. Por eso es importante que aprendas a distinguir cómo te impacta el tiro de retorno.

Cuando te invada este sentimiento de malestar, intenta hacer lo siguiente:

1. Ponle la etiqueta que le corresponda y no te azotes por ello. Trátate con la misma amabilidad con la que tra-

tarías a un ser querido. «Ah, okey. Eso es el tiro de retorno. Es normal que me esté ocurriendo. De hecho, es una buena señal, ya que significa que estoy progresando con esta tarea tan difícil».

2. Analízate. Presta especial atención a tus sensaciones corporales y a tus emociones, y pregúntate: «¿Qué necesito para sentir seguridad en este momento y continuar trabajando en los límites, en vez de recaer en los viejos hábitos?».
3. Toma las medidas oportunas para transmitir las expectativas que tienes con tus límites a pesar de que te resulte incómodo.
4. Si no puedes hacer nada pragmático, utiliza uno de los ejercicios de anclaje o de consciencia plena (¡vaya, qué sorpresa, incluí uno a continuación!) para centrarte en tu cuerpo hasta que esos sentimientos disminuyan lo suficiente como para que vuelvas a sentir que tienes el control.

MEDIR LA RESPIRACIÓN CON PASOS

Encuentra un lugar por el que puedas caminar despreocupadamente. No tiene que ser un sendero, basta con que camines en círculos por el patio de tu casa o por el estacionamiento que está junto a tu trabajo (así los demás creerán que estás loco y te dejarán en paz, a eso lo llamo matar dos pájaros de un tiro).

Respira con normalidad. ¡Ojo! Como tú consideres normal. Respira como lo haces siempre.

Genial. Camina y respira. De momento vamos bien, ¿no?

Ahora fíjate en cuántos pasos das durante un ciclo de respiración completa en el que inhales y exhales. Encuentra tu propio ritmo. Cada persona tiene el suyo. Continúa durante unos cuantos minutos más. Camina y respira... ¡Te estás luciendo con esto de la intervención terapéutica!, ¿eh? Velo sabiendo.

Okey. Ahora alarga las exhalaciones un paso más. No las fuerces, deja que se alarguen de manera natural.

Puede que entonces te den ganas de alargar también las inhalaciones. Si quieres hacerlo, adelante. Continúa con este ciclo durante diez respiraciones más.

Ahora alarga las exhalaciones un paso más. Fíjate en si las inhalaciones también se alargan un paso de manera natural. Hazlo si tu cuerpo así lo pide. Continúa con este patrón unos veinte ciclos más.

Ahora retoma tu patrón de respiración habitual. ¿Sigues en el estacionamiento? Nadie ha llamado a una ambulancia para que vengan a comprobar que estás en tus cinco sentidos, ¿no? Si estás lo bastante bien como para seguir caminando, continúa con tu patrón de respiración original (normal) durante otros cinco minutos más.

Si gustas, vuelve a alargar la respiración como máximo durante diez o veinte ciclos, antes de retomar tu respiración habitual (no queremos que empieces a marearte en el estacionamiento).

Para cuando estés bien. Solo tú sabes cuándo es el momento.

¿CÓMO RESPONDEN ANTE LOS LÍMITES LAS PERSONAS DE TU ENTORNO?

Los límites son fundamentalmente relacionales y no los podemos evitar, ya que los estudios demuestran que nuestros cerebros están programados para buscar conexiones con otros seres humanos. En esta sección podrás adquirir un poco de perspectiva sobre los límites que tienes en las relaciones. Al fin y al cabo, estamos buscando patrones, ¿no?

Vuelve a echar un vistazo a la lista de transgresiones de los límites de la primera parte del libro. Léelas de nuevo y reflexiona sobre las siguientes cuestiones:

- ¿Cuáles de las personas de tu entorno respetan los límites que les comunicas? ¿Qué tienen en común entre ellas?
- ¿Qué personas no los respetan? ¿Qué tienen en común entre ellas?

Si por lo general casi nadie respeta tus límites en la mayoría de las situaciones, es hora de que analices cómo los estás comunicando. Puede que no los estés expresando tan eficazmente como pensabas. Esta parte del libro te ayudará a trabajar este aspecto. Así que, ¡ánimo!, la ayuda ya está en camino.

Ahora, si solo tienes problemas con ciertas relaciones o con ciertas personas que no paran de pisotear tus límites, puede ser que, efectivamente, estés lidiando con un imbécil, con una situación estúpida o con una cultura de mierda en la oficina. O con la injusticia sistémica de tener poder sobre los demás, porque no vamos a fingir que este tipo de mierda no ocurre.

Antes de iniciar una batalla campal (sobre todo si se trata de una situación o relación más bien nueva), considera si puede haber algún otro motivo que explique por qué no se respetan tus límites.

1. Puede que la persona en cuestión esté pasando por una situación complicada, por ejemplo, algún problema médico o emocional que le dificulte prestar atención a lo que le estás comunicando.
2. Puede que la persona en cuestión tenga autismo y que, por lo tanto, presente dificultades para captar las señales tradicionales de las conversaciones.
3. Puede que la persona en cuestión tenga algún otro tipo de diversidad funcional (TDAH, una lesión cerebral traumática, etcétera) y le resulte difícil comprender los mensajes implícitos y las señales relacionales y no verbales.

4. Puede que la persona en cuestión tenga algún problema de salud mental que le haga estar tan centrada en sí misma que no sea realmente consciente del impacto que causa en el resto.
5. Puede que la persona en cuestión se sienta tan inferior a ti, que sea incapaz de ver lo mucho que te afecta su comportamiento.
6. Puede que la persona en cuestión tenga unas compulsiones conductuales tan arraigadas que transgreda los límites de los demás para tener la sensación de controlar el mundo.
7. Puede que la persona en cuestión sea una abusadora que se esté poniendo necia en un intento de someterte a su control coercitivo emocional.

Si se trata del último caso, ya sabes lo que tienes que hacer: huir. En serio, ponte a salvo. Si la situación escala hasta producirse una agresión, por favor, pide ayuda para trazar un plan que asegure tu integridad física.

Pero si crees que se trata de alguno de los otros escenarios, es hora de que tengamos una conversación muy diferente. Pregúntale a la persona en cuestión cómo responde y aprende mejor. Luego intenta adaptar tu estilo de comunicación al de ella.

Lo más probable es que, si se trata de los escenarios 1, 2 o 3, tengas que eliminar todas las conjeturas y expresar tus expectativas con la máxima precisión posible. Pídele que te preste atención, exprésate de manera clara y directa y, al final, comprueba que lo entendió. Por ejemplo:

> Hola, amigo. Me gustaría hablar contigo un momento. Acabo de caer en la cuenta de que no te comuniqué uno de mis límites. No estoy molesto contigo. Es culpa mía, debí habértelo dicho antes. Sé que te gusta abrazar a todo el mundo y que por eso siempre que estamos juntos me abrazas. Me encanta que seas así. Pero yo crecí en una familia en la que me obligaban a abrazar a todo el mundo tanto si me sentía cómodo como si no. Incluso a las personas que me caían muy mal. Por eso me siento mucho más cómodo cuando la gente me pregunta si puede abrazarme antes de hacerlo. Es una cuestión de autonomía corporal que para mí tiene una gran importancia. Estoy seguro de que entenderás lo que te acabo de contar y que lo respetarás, por eso me siento lo bastante cómodo como para explicártelo todo, en vez de inventarme una excusa de mierda, como que tengo gripe, para que no me abraces. A partir de ahora, pregúntame, por favor, si puedes abrazarme antes de hacerlo. Espero que entiendas y respetes que a veces te contestaré que no, pero que no tendrá nada que ver contigo, sino que será cosa mía. ¿Comprendes lo que te acabo de decir? ¿Tienes alguna pregunta?

Si se trata de los escenarios 4, 5 o 6, puede que la mejor opción sea responder a la persona en cuestión como si se tratara de un ser altamente conflictivo. Echa un vistazo a la sección de más abajo sobre las respuestas de las cuatro C, pues son una muy buena herramienta para sobrellevar las conversaciones altamente conflictivas.

También es posible que te encuentres en una situación en la que tengas que chingarte. Soy muy consciente de ello. Puede que tengas un trabajo de mierda que no te puedas dar el lujo de abandonar o una familia de mierda de la que ahora mismo no te puedas alejar. Tendrás que sopesar las opciones antes de optar por mandar al diablo uno de tus límites.

Este es otro de los casos en los que puede entrar en juego la flexibilidad. Seguro que tolerar las faltas de respeto a tus límites es mucho más fácil de gestionar cuando eres consciente de que estás tomando la decisión de mantener una relación, en vez de un límite. Puede que sea la opción que más te convenga en un momento dado. Recuerda que esta actitud de mierda es un poco mejor que la alternativa, así que por ahora has decidido aceptarla. Esta perspectiva te ayudará muchísimo a tolerar la ira y el malestar que probablemente sientes. También puede animarte a trazar el plan de acción que necesitas para huir de una situación cada vez más jodida frente a quedarte en ese entorno irrespetuoso y despreciativo para siempre.

Preguntas para determinar si es seguro enfatizar un límite

- ¿Qué tipo de relación tienes con esta persona (es un amigo, un familiar, un compañero de trabajo, un vecino, etcétera)?
- ¿Están en el mismo nivel o uno de los dos tiene poder sobre el otro (uno de los dos es el jefe, tiene pri-

vilegios sociales, es uno de los progenitores que paga las cuentas, etcétera)?

- ¿Se trata de una relación con fecha de caducidad (tienes que lidiar con ese hijo de la chingada habitualmente)?
- ¿Qué te gustaría expresarle a esa persona en cuestión si pudieras decirle cualquier cosa sin sufrir ninguna consecuencia negativa?
- ¿Cuáles serían las consecuencias de hacerlo?
- ¿Podrías lidiar con esas consecuencias? ¿Podrías hacer alguna cosa para que te resulte más fácil lidiar con ellas?

¿CÓMO COMUNICAR TUS LÍMITES Y DAR TU CONSENTIMIENTO?

La comunicación es lo que nos permite establecer límites y dar consentimiento. Soy consciente de que en alguna ocasión contribuí a crear mal ambiente en este mundo y de que podría haberlo evitado fácilmente tan solo articulando cuatro palabras. A menos que seas un ejemplo de perfección humana, es posible que en algún momento te haya ocurrido lo mismo. Cambiar la manera en que nos comunicamos puede marcar una gran diferencia.

Existe una teoría lingüística, llamada hipótesis de Sapir-Whorf, que determina cómo nuestra manera de pensar conforma nuestra manera de hablar (algo que todos entendemos), pero también cómo nuestra manera de hablar cambia nuestra manera de pensar. Si una persona empieza a exponerse al lenguaje racista y empieza a adquirir algunas de esas tendencias lingüísticas, solo es cuestión de tiempo para que actúe de forma racista.

El cerebro es, básicamente, una gran esponja. Así que comprender nuestros patrones de lenguaje y dedicarnos activamente a cambiarlos contribuirá a crear un mundo mejor y a reconocer, a mantener y a comunicar los límites.

Estilos de comunicación

En primer lugar, vamos a echar un vistazo a los distintos estilos de patrones lingüísticos y a la relación que tienen con los diferentes tipos de límites. Ahora veremos todas las maneras que tenemos de comunicarnos según la situación y el interlocutor.

- **Agresivo.** El estilo de comunicación agresivo acostumbra a ser excesivamente duro. Suele ser el estilo por defecto de las personas con límites rígidos. Los comunicadores agresivos tienden a interrumpir a los demás, a desestimar las opiniones ajenas y a reforzar de manera continua su propia visión del mundo y lo que ellos consideran correcto. ¿Conoces a alguien que utilice este estilo comunicativo? ¿Has visto algún político actuar así en los medios de comunicación? Seguro que sabes de qué tipo de personas estoy hablando. Esas que cuando dices que estás deseando que llegue la época del café con leche y pasteles de calabaza ponen los ojos en blanco y te dicen que eso es una tontería de hijos de papi, que tienes gustos culeros y que no deberías tomar eso nunca más. El metamensaje de los comunicadores agresivos es «Yo soy auténtico y tú un *wannabe*».

- **Pasivo.** El estilo de comunicación pasivo suele ser ineficiente a la hora de ayudar a la gente a protegerse y mantenerse firme, así que no es de extrañar que sea la estrategia comunicativa por excelencia de las personas con límites permeables. Los comunicadores pasivos no suelen contar a los demás lo que quieren o necesitan, y dicen que todo va bien cuando en realidad va catastróficamente mal. Los comunicadores pasivos tienden a dejar que los demás decidan por ellos y a ensalzarlos, y, sin embargo, echan pestes de sí mismos. No estamos hablando de dejar que alguien a quien conoces y en quien confías te ayude a tomar mejores decisiones durante una crisis. Los comunicadores pasivos tienen la sensación de no poder abogar nunca de verdad por lo que les parece adecuado. Dicen frases tipo: «¡Oh, miren, café con leche y pasteles de calabaza! ¿Quieren? A ver, soy intolerante a la lactosa y seguro que me sentará fatal, pero puedo lidiar con ello. No pasa nada». El metamensaje de los comunicadores pasivos es «Soy un desastre, pero tú eres supergenial, así que dejaré que tomes decisiones por los dos».
- **Asertivo.** El estilo de comunicación asertivo es el punto medio perfecto en la mayoría de los casos (a

menos que te encuentres en una situación en la que tu seguridad peligre y esté justificado que actúes con agresividad o pasividad) y suele ser el sello distintivo de la gente con límites flexibles. Los comunicadores asertivos mantienen su sistema de valores en todo momento, hablan y actúan con congruencia, y respetan los distintos puntos de vista. Volviendo al ejemplo del café con el que, por lo visto, estoy obsesionada: si dices a un comunicador asertivo que quieres un café con leche y pasteles de calabaza, puede que te responda algo así: «Me encanta ver cómo vives tu vida y disfrutas de lo que te gusta. Pero ¿podrías pedirme un café helado? Es que me gusta más». El metamensaje de los comunicadores asertivos es «Yo soy genial y tú también lo eres. Incluso aunque no estemos de acuerdo».

Preguntas para reflexionar

- ¿Qué estilo de comunicación sueles utilizar normalmente? ¿Varía según las circunstancias o las personas?
- ¿Qué mensajes has interiorizado sobre tu derecho a comunicarte de manera sana y reclamar tus valores y creencias?
- En caso de que te comuniques de manera diferente según las circunstancias o las personas, ¿qué aspecto en concreto de esa relación te impulsa a cambiar?

- ¿Tu estilo de comunicación actual se parece al equilibrio ideal que te gustaría tener?
- ¿Qué es lo primero que podrías cambiar en tu estilo de comunicación para acercarte más a tu ideal? ¿Cómo lo harías?

Si no te comunicas tan bien como te gustaría, es muy importante que lo reconozcas. Por ejemplo:

> ¡Hola, amigo! Hace poco me di cuenta de que no comunico lo que me importa tan bien como debería. Por ejemplo, la otra tarde que te dije que quería ir a tomar un café, pero luego no le di ni un solo sorbo al que ordené y estuve todo el rato quejándome. ¡Con razón acabaste muy confundido! Estoy trabajando en eso. Lo que intento decir es que la próxima vez que nos veamos preferiría que camináramos por ahí o fuéramos a cualquier otro sitio donde no tenga la tentación de tomarme uno de esos cafés deliciosos, porque soy incapaz de resistirme a ellos a pesar de que me sientan fatal.

Si eres capaz de tener una conversación como esta, te mereces una medalla en la modalidad de comportarse como un adulto.

Lo más importante es que recuerdes que se trata de un proceso. Puede que tengan que ir haciéndose preguntas y modificar su relación o que tengas que aclarar varias veces lo que querías decir hasta que consigas expresarte bien. También es posible que la persona con la que estás teniendo problemas para comunicarte se resista a participar en una conversación de este tipo (y entonces se tratará de un problema completamente diferente). Todo esto es bien pinche difícil.

Hablar en primera persona

No necesitas pasarte todo un fin de semana de retiro con Tony Robbins para aprender a comunicar tus límites de manera más asertiva y eficaz. Solo tienes que concebir la comunicación efectiva como una habilidad que quieres aprender e ir practicando hasta que te salga de manera automática.

Intenta seguir el esquema siguiente para comunicar a los demás que estás hasta la madre (o, por el contrario, que no cabes de alegría):

> Tengo la sensación de que ____________________
> Cuando tú____________________________
> Me gustaría que ______________________

¿Sabes qué es esto? Se llama ser una persona adulta que se responsabiliza de sus propios sentimientos y acciones y comunica sus necesidades con claridad en vez de ir culpando a los demás («¡me pones de nervios!») o de no decir las cosas por su nombre («¡Si realmente me conocieras, sabrías que esto es muy importante!»).

Al principio, utilizar esta técnica te resultará muy extraño e incómodo. De hecho, muchas personas me han contado que las primeras veces que intentaron usarla les ganó la risa. ¡Cuesta un montón! En nuestra sociedad no animamos a la gente a hablar de sus límites ni a responsabilizarse de sus sentimientos. Pero deberíamos.

Nuestros sentimientos son cosa nuestra y no deberíamos culpar a los demás por ellos. Sin embargo, sí podemos pedirles que cambien su comportamiento para respetar nuestros límites. Esta habilidad es muy útil en las situaciones comunicativas habituales y también en las conversaciones que alcanzan niveles conflictivos. Responsabilizarte de tus propios sentimientos exime de toda culpa a los demás.

Incluso podrías ir un paso más allá y reconocer que tu interlocutor no quería causarte la angustia que has sentido, añadiendo algunas frases como:

«El chiste que acabas de contar me incomodó. Sé que solo pretendías ser gracioso y que pensabas que me reiría, no que me molestaría. Pero los chistes sobre este tema me generan conflicto. Te agradecería que no hicieras este tipo de bromas cuando esté presente».

Si fueras capaz de decir algo así, sería genial. Lo mejor de todo es que los demás no pueden decirte cómo te sientes cuando te apropias de tus sentimientos. No pueden estar ni bien ni mal, pues tus sentimientos son los que son. ¡Compórtate como un adulto!

Los cuatro niveles de comunicación

Todos intentamos comunicarnos mejor. Y es que los límites se expresan a través del diálogo, ¿verdad? Si te paras a pensarlo, la negociación de nuestros límites conforma un porcentaje enorme de nuestra comunicación con los demás. Utilizar la estrategia de hablar en primera persona es fantástico para ser más conscientes de todo el proceso. Pero averiguar de dónde suelen proceder los errores también puede ser muy beneficioso. La primera vez que oí hablar de ese modelo fue en un curso en línea sobre programación neurolingüística. Fui incapaz de encontrar la referencia exacta, así que no puedo decirte de dónde lo saqué (si la encuentras tú, por favor, escríbeme). Hablar de una idea sin poder citarla ni atribuirla adecuadamente me parte mi corazoncito académico, pero es que es demasiado brillante como para no compartirla.

La idea principal es que cada intercambio verbal tiene cuatro niveles:

- **Lo que queremos decir.** La idea que estás intentando expresar.
- **Lo que decimos realmente.** Si se te da muy bien decir exactamente lo que quieres decir en todo momento, espero que escribas un libro explicando cómo lo consigues. Al resto de los mortales nos suele ocurrir que lo que tenemos en la cabeza y lo que nos sale por la boca no siempre coincide.
- **Lo que la otra persona oye.** Aunque digas lo que piensas, eso no significa que la otra persona lo oiga sin ningún filtro.
- **Lo que la otra persona cree que quieres decir.** Aunque digas «me da igual lo que cenemos», y

realmente te dé igual, tu pareja puede pensar que tienes alguna intención oculta u otra idea distinta en mente de la que expresaste.

Todas las personas con problemas de comunicación (con la pareja, con la familia, con los compañeros de trabajo, etcétera) que han pasado por mi consultorio tenían dificultades en al menos una de estas áreas. Por lo general, nos gustan los retos y casi todos tenemos dificultades en más de una, sino en todas. Averiguar dónde está el error nos ayudará a saber qué estrategias se deben utilizar para arreglarlo.

Digamos que te han asignado un proyecto grupal (el auténtico infierno en la tierra) y que están pensando en cómo dividirse las tareas.

- **Lo que quieres decir.** Es posible que durante tu niñez no te dejaran opinar mucho. Tal vez sueles pensar que tus respuestas siempre son erróneas. Quizá en tu cabeza tengas muy claro lo que quieres, pero al intentar comunicarlo, te bloqueas. Si no te expresas bien (o no se te da muy bien saber lo que quieres), tomar una actitud más comedida y considerada a la hora de hablar o responder puede suponer una gran diferencia. Tal vez quieras preparar las diapositivas de la presentación, pero no hablar en público. Eso es lo que quieres hacer entender a los demás, ¿no?
- **Lo que dices realmente.** Esta es la parte en la que tienes que hablar con claridad. Pero del dicho al

hecho, hay mucho trecho. Así que en realidad te encoges de hombros y dices: «Yo podría preparar la presentación si les parece bien». Eso no es lo mismo que expresar: «¡Por el amor de Dios, no me hagan hablar en público!».

- **Lo que oyen los demás.** Cada uno tiene sus propias interpretaciones, filtros y distracciones. Por ejemplo, digamos que te expresaste con total claridad: «Me pongo muy nervioso solo de pensar en que tengo que hablar en público, así que prefiero trabajar en la sombra y preparar las diapositivas». Sin embargo, uno de los miembros del grupo solo te estaba escuchando a medias y apunta que harás las diapositivas, que presentarás el proyecto y que serás quien exponga el contenido. Por desgracia, este tipo de cosas ocurren muuuy a menudo. Nos perdemos parte de la información, no escuchamos bien, nos distraemos, etcétera. Si se trata de alguien con quien te comunicas a diario, podría ser útil pedirle que te repita con sus propias palabras lo que acabas de contarle. Por ejemplo, «Yo entendí que...». En este tipo de situación puedes responder: «Lo de que me pongo muy nervioso es real. No quiero decir ni una palabra en nombre del grupo, ni siquiera quiero hacer la introducción. Seguro que tener que llamar a emergencias en mitad de la exposición no beneficiará mucho al proyecto».
- **Lo que los demás creen que quieres decir.** Muchas personas han vivido interacciones en las que

cualquier respuesta era una trampa mortal y tenían que leer la mente de su interlocutor, interpretar todas sus palabras... y, si se equivocaban, así les iba. Por eso es posible que muchas personas sobreinterpreten tus palabras, y en estos casos podría resultar útil que les recuerdes que tú eres el único responsable de tus respuestas y que no tienen por qué leer tu mente. Por ejemplo, si dices: «Me da igual qué parte del proyecto hacer», y alguien está preocupado por si tiene que adivinar de lo que prefieres encargarte, puedes recordarle que tú eres el único responsable de lo que comunicas y que de verdad no tienes ninguna preferencia. Si te sorprendes sobreinterpretando las palabras de otro, tómalo como una oportunidad para recordar que no tienes superpoderes y que cada persona es responsable de lo que dice.

Si prestamos atención a nuestros puntos débiles en los intercambios comunicativos y trabajamos activamente para reforzarlos, automáticamente mejoraremos a la hora de expresar y respetar los límites. Subiremos de nivel en comportamiento adulto.

Comunicar lo que queremos, en vez de lo que no queremos

El libro escrito por Cristien Storm titulado *Empowered Boundaries* hace hincapié en que, a pesar de que no hay nada inherentemente malo con decir un *no* rotundo con las cosas que no queremos, comunicar lo que realmente queremos abre un montón de posibilidades para dialogar y negociar.

Veamos un ejemplo sencillo:

Persona 1: ¿Te gustaría cenar *sushi*?
Persona 2, opción 1: Uf, no.
Persona 2, opción 2: En realidad, muero por una hamburguesa. ¿Te animas? ¿O prefieres que pidamos las dos cosas a domicilio y así cada uno puede comer lo que prefiera?

La segunda opción da pie a una conversación completamente diferente y a negociar opciones.

Sé que no todas las conversaciones en las que debemos comunicar lo que queremos van de *sushi* y hamburguesas. A veces hacerlo requiere un nivel de vulnerabilidad muy difícil de articular. Eso significa que, más que adherirnos a un límite, tenemos que saber identificar exactamente lo que queremos y comunicarlo de manera eficiente, ¿verdad?

Por ejemplo:

Persona 1: ¿Qué te parece si esta noche, cuando cojamos, te pongo una mordaza y te amarro?
Persona 2, opción 1: Ni de chiste.
Persona 2, opción 2: Lo que realmente me gustaría explorar es la estimulación prostática. ¿Qué te parecería utilizar conmigo un juguete diseñado específicamente para eso?

¿Comprendes por qué la segunda opción conlleva mucho más riesgo? En mi revista autopublicada sobre el consentimiento, analizo este tipo de interacciones más detalladamente utilizando la rueda del consentimiento de Betty Martin, pero este ejemplo me sirve para ilustrar que, en algunas ocasiones, a pesar de que un *no* rotundo puede ser una respuesta perfectamente aceptable, expresar lo que realmente quieres puede suponer un gran cambio a la hora de comprenderte mejor a ti mismo y comunicarlo a las personas de tu entorno de manera más eficaz.

Pregunta para reflexionar

- ¿Con cuáles de las personas de tu entorno te sentirías lo bastante seguro como para experimentar con la comunicación de tus límites y decir lo que quieres, en vez de lo que no quieres?

Comunicarse en situaciones de conflicto y desacuerdo

La mayoría de las herramientas de comunicación de este capítulo funcionan en situaciones en las que se comparte el poder, ya que todas las personas involucradas en la conversación velan por los intereses de los demás. Ahora bien, la vida está llena de situaciones en las que pueden surgir conflictos, ya sea decidir dónde ir a tomar un café o cómo regular las armas nucleares, o en las que no hay ni pizca de confianza en la relación, o en las que directamente tengas que lidiar con una persona altamente conflictiva, o que se le bota un tornillo, o que no le importe en lo más mínimo encontrar una solución beneficiosa para ambos...

Una herramienta muy útil en estas situaciones es combinar la respuesta de las cuatro C (*conciso*, *clarificador*, *cordial*, *cortante*) y recordar lo que debes evitar DAR (*disculpas*, *amonestaciones* y *recomendaciones*). Estas herramientas están promocionadas por el High Conflict Institute de Bill Eddy y se las enseño asiduamente a mis pacientes. Son ideales para lidiar con situaciones conflictivas o con una gran carga emocional.

Si te encuentras en el proceso de establecer y mantener tus límites con alguien por primera vez, sin duda, sentirás una gran carga emocional porque será algo extraño, incómodo y nuevo para todos los involucrados. Tener una receta a la que recurrir te resultará de gran ayuda. Pruébala (y añádele una pizca de ajo si te gustan las emociones fuertes).

- **Conciso.** No proporciones información de más. No des demasiadas explicaciones. Cuanto más escribas o digas, más armas le darás a la persona afectada, ¿okey? Pongamos, por ejemplo, que te llegó una notificación de tu jefa acusándote de haber robado las llaves del contenedor de la basura. En vez de escribir una respuesta de ocho párrafos para defenderte, intenta contestar de manera concisa y fáctica: «El jueves pasado terminé mi turno dos horas antes de cerrar, así que aquel día no saqué la basura. Por lo tanto, no toqué las llaves».

- **Clarificador.** No te centres en la falsedad de las declaraciones de tu interlocutor, sino en la rigurosidad de las tuyas. No le hables con sarcasmo a tu interlocutor, no lo menosprecies, no hagas comentarios negativos sobre su personalidad ni sus decisiones éticas, etcétera. Recuerda que estás intentando apaciguar el conflicto, no competir para ver quién es más imbécil en esta situación. Siguiendo con el ejemplo anterior, podrías añadir la siguiente información: «Acabo de revisar el calendario de turnos para refrescar mi memoria y, efectivamente, aquel día no cerré yo, sino Xander».
- **Cordial.** Ya sé que no es muy justo tener que ser amable con alguien que te está tratando de la chingada. Pero la peor manera de salir indemne de un conflicto es contrarrestando la hostilidad con hostilidad. Tampoco te estoy diciendo que finjas ser su alma gemela... Solo que seas cortés. Eso aumentará la probabilidad de que obtengas una respuesta neutral o incluso positiva. Retomando el ejemplo del conflicto en el trabajo, podrías decir algo como «¡Hola, Sarah! El jueves pasado me tocó turno con Xander, pero yo me fui antes porque no había muchos clientes, así que se encargó él solo de cerrar el local. No tengo ni idea de qué pasó con las llaves del contenedor».

- **Cortante.** Sé cortante, pero sin intimidar. No hagas ningún comentario que pueda dar pie a seguir la conversación («No dudes en contactar de nuevo conmigo en caso de tener alguna otra duda» o «Espero que coincidas conmigo en que...»). Volviendo de nuevo a Xander, el ladrón de llaves, podrías terminar diciendo: «Ojalá pudiera ayudarte, pero seguro que Xander lo hará». Tienes que pensar como Forrest Gump, cuando dice: «Y es lo único que tengo que decir sobre esto». Si necesitas que tu interlocutor tome una decisión y no puedes terminar la discusión sin más, otra manera de ser cortante es ofrecerle dos opciones para no seguir discutiendo eternamente.

Si la conversación continúa después de que hayas respondido con las cuatro C, puedes optar por ignorarla o repetir tus respuestas como si fueras un disco rayado, manteniendo las mismas palabras clave y dando incluso menos información hasta que tu interlocutor se dé por vencido.

Otro de los trucos de Bill Eddy para reforzar las respuestas de las cuatro C es evitar DAR. Así que vamos a echarles un vistazo:

- **Disculpa.** Las disculpas sinceras son fantásticas. Pero cuando todo el mundo está exaltado, no es momento de darlas. Si nos disculpamos, estaremos dando motivos a nuestro interlocutor para que nos eche la culpa y alargaríamos la conversación. Si dijeras «Lamento no saber qué pasó con las llaves», podrías provocar que Sarah te siguiera culpando, porque en su cabeza serías el responsable de lo ocurrido. Una *disculpa social* mucho más insípida puede resultarte útil para calmar la situación si es que quieres añadir algo más. La frase «Me hace sentir mal que debas estar lidiando con una situación tan frustrante, además de todo lo que ya tienes entre manos» es una muestra de compasión y empatía que Sarah no podrá utilizar para echarte la culpa de nada y que tampoco le dará más armas en tu contra.

- **Amonestación.** Quizá sientas la tentación de hacer algún comentario corrigiendo a tu interlocutor; pero, al igual que con las disculpas, ese no es el momento de hacerlo. El objetivo de las respuestas de las cuatro C consiste en apaciguar una conversación emocional y ponerle fin, al menos por el momento. Por lo tanto, evita decir algo a tu interlocutor que pueda sonar a que le estás explicando su propio comportamiento como si fuera un niño travieso. Volviendo al ejemplo de Sarah, la encargada, imagínate cómo seguiría la conversación si dijeras: «Si fueras una buena encargada, habrías echado un vistazo a los turnos del jueves, antes de encabronarte y venir a acusarme por robar las llaves».
- **Recomendación.** No es muy aconsejable que recomiendes a nadie cómo lidiar consigo mismo o con la situación que lo puso de nervios; lo más seguro es que ya está lo bastante enojado y no

conseguirás nada. Desde luego, te aseguro que cuando estoy encabronada, no quiero escuchar recomendaciones, y esta es una respuesta bastante universal. Fíjate en cómo, en vez de decirle a Sarah que revise a qué hora me fui, le dije: «Acabo de revisar el calendario de turnos para confirmar que...», evitando así recomendarle cómo debería hacer su trabajo. Seguro que cuando se tranquilice, se dará cuenta de que debió haber ojeado el calendario de turnos antes de empezar a lanzar acusaciones sin ton ni son. Así que no pasa nada.

Mantener la calma cuando falla la comunicación

Ya sé lo que estás pensando. Por mucho que responder con las cuatro C se te dé, puede que en algún momento te encuentres con algún cabrón que se niegue a escuchar lo que sea que le digas. Incluso, aunque acompañaras tus palabras con un baile interpretativo, este tipo de personas suelen estar tan metidas en su mundo que interpretan todo lo que les dicen desde su perspectiva. En estos casos, nada de lo que hagas ni digas logrará que se comuniquen de manera efectiva.

Es posible que en algún momento te encuentres en situaciones en las que no puedas mantenerte firme ni siquiera utilizando las respuestas de las cuatro C, por mil motivos. Tal vez tu interlocutor sea un familiar del que dependas económicamente, un jefe de mierda en un trabajo de mierda que no te puedes dar el lujo de abandonar, etcétera. Sean las circunstancias que sean, soy consciente de que, si apartarse de la situación fuera tan fácil, todo el mundo lo haría.

Las siguientes dos técnicas no están relacionadas con la comunicación, sino con cómo protegerte de los ataques de otra persona... ya que a veces esta es la única manera de establecer algún límite.

El truco del panel de cristal

¿Estás atrapado con unos cabrones que no paran de molestarte? Uno de los trucos que más me ha ayudado es imaginarme que hay un panel de cristal transparente entre ellos y yo. Los veo, y los oigo, pero sus problemas emocionales se quedan en su lado.

Es un truco especialmente útil para todos los que sean tan empáticos como la consejera Troi de la nave Enterprise. Así pueden responder al contenido de sus palabras y acciones sin terminar emocionalmente agotados por los motivos que los impulsan.

A los que, por culpa de su empatía, terminan haciendo más por los demás de lo que deberían (como rescatar, disculpar o cuidar de manera poco saludable, a largo plazo, para ambas partes), les puede ayudar a actuar de manera proactiva, en vez de reactiva, en una dinámica de relación complicada.

El método de la piedra gris

Otro truco para lidiar con los individuos que se pasan los límites por el arco del triunfo, o con situaciones tóxicas en las que alguien actúa de manera dañina, es el método de la piedra gris.

Una bloguera que se hace llamar Skylar en 180rule.com desarrolló un método, al que llamó *método de la piedra gris*, para convencer a los individuos abusivos de que te dejen en paz. Básicamente, se trata de ser tan aburrido y poco reactivo como sea posible, como si te convirtieras en una piedra gris. Cuanto más aburrido parezcas, menos combustible tendrá tu interlocutor. Además, lo estarás condicionando para que te vea como una conquista poco satisfactoria.

Debo decir que, cuando era adolescente, utilicé esta herramienta de forma inconsciente y doy fe de que funciona de maravilla. Tenía un abuelo que no dejaba de hacer comentarios sobre mi peso y mi cuerpo. Recuerdo perfectamente que, cuando tenía catorce años, me agarró del brazo y dijo: «¡Pero si no tienes muñecas!».

¿Y qué le respondí? «Ah, órale».

La conversación murió en ese preciso instante debido a mi total falta de reacción.

Una de las personas que hace sus prácticas en mi consultorio trabaja haciendo guardias en un hospital local que siempre anda corto de personal y está sumido en el caos. Su supervisor no dejaba de llamarla por teléfono porque quería que cubriera turnos fuera de su horario. Le enseñé a responder con las cuatro C, pero aun así su supervisor seguía insistiendo... Intentaba hacerla sentir culpable con comentarios como «¡No tengo a nadie para cubrir ese turno! ¡No sé qué hacer! ¡Ayúdame!».

Mi becaria respondió diciendo: «Vaya, qué mal», y no añadió nada más. Al cabo de un rato, el supervisor dejó de insistir y no volvió a mencionar aquella discusión acalorada nunca más. Si mi becaria hubiera seguido defendiéndose, su supervisor habría usado sus palabras para echarle la culpa de la falta de personal, en vez de hacerse responsable de ello.

¿Cuándo tienes que justificar tus límites?

Ahora que ya hablamos un buen rato sobre los distintos tipos de límites, las distintas maneras en las que podemos enfatizarlos y cómo comunicarlos (carajo, creo que a estas alturas nos hemos ganado el máster en establecer límites, ¿no?), vamos a entrar en el terreno pantanoso de cuándo y cómo justificar nuestros límites a los demás (yo creo que esto equivale a un doctorado en límites, ¿a que sí?). Según mi experiencia en el consultorio, si hay algo peor que tener que establecer límites es la necesidad de legitimarlos una vez fijados. Si hasta ahora tus límites habían sido muy permeables, es fácil caer en la trampa de dar demasiadas explicaciones según los vayas fortaleciendo, incluso en situaciones que no sean altamente conflictivas.

En su libro *Empowered Boundaries*, Cristien Storm explica que a veces nos estancamos en la necesidad de defenderlos o justificarlos. Ya sabes, el esfuerzo relacional que invertimos en dar explicaciones sobre nuestros límites, aunque por lo general no sea tan necesario como creemos.

Cuando leí esas palabras, lo primero que me vino a la mente fue la definición de Pema Chödrön de *shenpa*. Esta palabra tibetana suele traducirse como «apego», pero prefiero la traducción de Chödrön, quien optó por «estancamiento». *Shenpa* es esa sensación de estar recorriendo un camino muy trillado o de estar escuchando un disco rayado que no deja de saltar. Chödrön describe el concepto como la sensación de estar atrapado en una situación que no te gusta, por lo que te pones tenso y te niegas a salir de ahí.

Trabajar en los límites puede activar la sensación de *shenpa*, igual que tantas otras situaciones. Pero en este caso, lo que nos estanca es o bien la necesidad de justificar el límite que estamos intentando establecer, o bien de convencer a alguien para que entienda nuestro límite. Abogar por nosotros mismos puede resultar muy incómodo, por eso mucha gente siente la necesidad de justificarse.

Y como resultado los límites se quedan *shenpa*. Estar centrados en nuestros sentimientos para establecer o mantener un nuevo límite es tan incómodo que empezamos a darle vueltas al asunto. Es entonces cuando nos ponemos a analizar intelectualmente todo el proceso ante nosotros mismos y ante la persona con quien estamos estableciendo el límite. Esto nos impide ser auténticos con nosotros mismos y con los demás.

Justificar un límite no tiene por qué ser algo malo. Depende de la situación, ¿no? Si una amiga me pregunta si iré al evento que está organizando, puedo contestar con un simple «no», y ya sería una respuesta completa. Pero también podría decir: «Lo siento, pero ese día me toca ir a la oficina... Y seguro que acabo exhausta y necesitaré ir a casa y descansar». Algunas justificaciones pueden ser relevantes en las relaciones, lo cual no significa que nuestros límites estén *shenpa.*

Los límites se quedan *shenpa* cuando, para decir «No, no me siento cómodo prestándote el auto», nos ponemos a dar explicaciones de más e incluso introducimos alguna mentira para justificar nuestra negativa. «Me encantaría poder prestarte el auto, pero tengo que ir a hacer unos mandados/revisar los frenos/etcétera». Todo esto porque no nos sentimos cómodos con nuestro propio límite y no queremos hacer enfadar a nuestro interlocutor o que piense que somos una mierda de persona, así que nos justificamos.

¿Y cuál es el antídoto contra los límites que se quedan *shenpa*? La palabra tibetana es *shenlock* y significa «renunciar a un antiguo patrón». Cuando empieces a notar esa tensión física por la necesidad de justificarlo todo demasiado, intenta reconocer el hábito en ti con amabilidad y cariño, y responde con el nuevo de establecer límites que estamos intentando que te salga de manera más natural. Ensaya cómo vas a establecer tus límites y cómo responderás si alguien lo toma a mal. Te dejo unas cuantas ideas:

- «No, no me siento cómodo prestándote el auto».
- «Veo que estás disgustado por mi respuesta y lo respeto, pero no voy a dejarte mi auto».
- «En todo caso, mi respuesta sigue siendo no».

Reconocer estos patrones y cambiar nuestras interacciones no es algo que podamos hacer de golpe. Hemos tardado varios años en desarrollar nuestra manera de comunicarnos, por lo que tardaremos un tiempo en aprender a hacerlo de otra manera. En realidad, los antiguos patrones de comunicación son como fichas de dominó dispuestas en una hilera que debemos ir tumbando en un orden en particular. Los que dejen de servirnos serán las primeras fichas de dominó que tiraremos.

¿CÓMO RESPETAR LOS LÍMITES DE LOS DEMÁS?

Okey, ahora ya conoces mejor tus propios límites... Ha costado un montón de trabajo emocional, ¿verdad? Ah, sí. Ahora ha llegado el momento de avanzar, dejar de mirarte el ombligo y ver cómo respondes ante los límites de los demás.

- En general, ¿las personas responden de manera positiva ante ti? ¿Te han verbalizado que se sienten cómodas compartiendo cosas contigo? ¿Las escuchas sin juzgarlas?
- ¿Tienes personas en tu vida (o por lo menos una) con quien puedas intercambiar ideas y sentimientos profundos y auténticos?
- ¿Eres capaz de mantener estas relaciones durante un largo periodo de tiempo?

- ¿En qué tipo de relaciones te resulta difícil respetar los límites de los demás? ¿Depende de las personas que estén presentes? ¿O de si toman decisiones que te preocupan?

Las primeras tres preguntas son una buena manera de determinar si eres capaz de conservar tus relaciones. Si te cuesta respetar los límites de los demás, acabarás desgastando todas tus relaciones. Con el corazón en la mano: ¿conoces a alguien que no respete los límites de los demás, pero que, a pesar de eso, tenga relaciones sanas? Yo no.

Si al leer las tres primeras preguntas pensaste «Oh, mierda», no significa que debas dejar el libro y empezar a autoflagelarte de inmediato, ¿de acuerdo? Normalmente aprendemos a establecer los límites observando a las personas de nuestro entorno. Si en tu niñez no tuviste a nadie que te sirviera como modelo de límites sanos, ¿cómo se supone que ibas a aprenderlo? Como a nadie le dan el manual de instrucciones de los límites al nacer, muchos tenemos que aprender a gestionarlos cuando ya somos adultos. Según vayas tomando consciencia de los límites en tus interacciones, probablemente verás grandes cambios positivos en tus relaciones de manera generalizada.

La cuarta pregunta es más universal. Te prometo que a todos nos cuesta respetar los límites de los demás en ciertas situaciones. Puede que sea con un familiar al que quieres mucho, con un amigo al que hayas visto tomar la misma decisión estúpida por enésima vez o con alguien que se comporta de una manera que ya sabes que acabará mal para ti y para los demás por experiencias anteriores. Este tipo de situaciones pueden hacer que resulte difícil respetar sus límites.

No pasa nada por comunicarlo. Podrías decir algo tipo:

«Me está costando una barbaridad respetar tus límites ahora mismo porque estoy preocupado por ti, pero no quiero empezar a mangonearte para que hagas lo que yo quiero. Así que será mejor que no hablemos sobre este asunto en particular porque no puedo ser imparcial».

Esa es la manera más amable que se me ocurre para evitar decir frases que solo te meterán en problemas, como «¡Tu nuevo amante es una mierda! ¡Rompe con él!».

Tampoco pasa nada por pedirle alguien que te aclare el nivel de apoyo que necesita. En mi caso, tengo problemas para respetar los límites de mis hijos, que ya son personas hechas y derechas. Tiene todo el sentido del mundo, ¿verdad? Todavía tengo la tentación de criarlos. Así que, cuando me piden algún consejo, les pregunto: «¿Quieres que te conteste como madre o como persona adulta que sabes que siempre te apoyará?». Así les doy pie a que me digan lo flexible que es su límite en cuanto a mi nivel de intromisión en esa situación en concreto, lo cual nos ha ahorrado un montón de peleas a lo largo de los años.

Gestionar el no

A nadie le gusta que le digan que no, que te digan que no es una mierda. Cuando oímos esta palabra, nuestro niño interior se pone a gritar y patalear, además de responder soltando mensajes sociales tóxicos. Sin embargo, la palabra *no* (u otros términos o acciones que transmitan la misma idea) es la herramienta principal de la que disponemos para expresar nuestros límites. ¿Y si empezáramos a prestar atención a los mensajes con la palabra *no* de manera consciente y lidiáramos con las negativas como adultos chingones? Te dejo algunas estrategias que podrían ayudarte:

1. **Sé compasivo cuando prestes atención a tus sentimientos.** Si nos guardamos nuestros sentimientos, acabaremos explotando al cabo de un tiempo, igual que una bolsa de basura demasiado llena. No pasa nada por pensar «Vaya, esto me dolió... Me hacía mucha ilusión».
2. **Pon el *no* donde le corresponde.** Normalmente, cuando una persona te dice que no, está rechazando tu oferta, no a ti como persona. Rara vez te encontrarás con alguien que te diga que no tienes ninguna característica buena ni deseable y que eres un desecho humano. Puede que nuestros demonios interiores nos lo digan cuando alguien rechaza una de nuestras propuestas, pero es una tremenda idiotez. Hay un montón de buenas personas con las que no quiero trabajar ni salir de fiesta.

Estoy segura de que a ti te ocurre lo mismo... Es importante que recuerdes que los demás también pueden pensar eso mismo de ti y que no tienes que buscarle tres pies al gato.

3. **Identifica el límite que rozaste y aprende de la experiencia.** Si una persona te dice que no, significa que está estableciendo un límite. Eso puede proporcionarte mucha información sobre ella y sobre su relación. De esto trata este libro, ¿a que sí? De identificar, comunicar y respetar los límites. *No* es la palabra que nos muestra dónde están estos últimos.
4. **Comunica que lo entendiste.** No insistas ni intentes convencer a tu interlocutor. No pongas mala cara. Simplemente di: «Qué pena, pero lo entiendo; sin rencor».

Respetar los límites de los demás, sin duda, mejorará tus relaciones. La gente sabrá que puede confiar en ti y ser auténtica, que la respetarás y entenderás que no está atacándote personalmente. Te convertirás en la personificación de un espacio seguro. Si eres capaz de hacer ese esfuerzo por los demás, sentirás el valor de lo que las personas hagan por ti. Todo el mundo sale ganando.

CLPB

Quiero hacerte una confesión... Tengo facilidad para emocionarme por todo y tiendo a atropellar verbalmente a los demás, especialmente cuando estoy todo el día en la clínica, callada, y escuchando a los demás. Puedo pasar horas sin callarme. Uno de mis ex me llamaba Señora Interruptona, una manera simpática (y divertida) de hacerme saber que me estaba acelerando.

Claro, era imposible que me comunicara de manera efectiva si no estaba escuchando de manera efectiva. No hay duda de que, tarde o temprano, hubiera acabado aplastando los límites de los demás al estilo Hulk si no prestaba atención a lo que decían.

Me encanta el libro de Sarah Mirk titulado *Sex From Scratch: Making Your Own Relationship Rules* [Sexo desde cero: cómo crear tus propias reglas de pareja]. Hace poco estaba hojeando mi desgastadísimo ejemplar y me fijé en un párrafo resaltado con un rosa fluorescente que cuadraba muy bien con las ideas que estoy intentando transmitir en este libro.

Sarah comparte una estrategia de comunicación que aprendió de un empresario de tecnología llamado Matthew. Aunque casi todos deberíamos cerrar la puta boca en algún momento, su acrónimo nos incita exactamente a eso, y es un muy buen consejo para todas las situaciones comunicativas. Si decides utilizar esta técnica, mejorarás un 33.5% tu capacidad para reconocer límites. Okey, me acabo de inventar esta estadística, pero sin duda TE AYUDARÁ. Si aprendes a oír de manera diferente, ESCUCHARÁS de manera diferente.

Las siglas CLPB significan:

- **Comparte el tiempo.** Las conversaciones son vías de doble sentido. Callarse y escuchar es igual de importante que hablar. Mi supereditora vio una charla en la que Matthew hablaba de su técnica y me contó que propuso a la audiencia utilizar una ecuación matemática para conceptualizar, de manera sencilla, cómo deberíamos compartir nuestro tiempo. Sugirió dividir la cantidad de tiempo que tienes para una interacción (pongamos que una hora) entre el número de personas que participarán en ella (pongamos que seis), y luego asegurarse de no hablar más tiempo del que te corresponda (en este caso, diez minutos).

- **Lee entre líneas.** Escucha de verdad a los demás... No solo lo que están diciendo, sino también el trasfondo de sus palabras. ¿Qué se esconde detrás de ellas?
- **Párate unos segundos.** Deja que los demás continúen hablando o se sumen a la conversación antes de empezar a hablar. Cuando se haga un silencio, espera unos cuantos segundos antes de aportar tu contribución verbal.
- **Basta con aceptarlo.** Este punto me encanta. El objetivo de la escucha activa es ayudarnos a comprender mejor a los demás, ¿verdad? Sin embargo, no siempre conseguimos hacerlo. Todos hemos vivido un momento en el que hemos pensado «Pero qué chingados...» al oír la visión del mundo de otra persona. No pasa nada por aceptarlo sin más, a pesar de no entenderlo. De hecho, puede que, si dejas reposar lo que sea que haya dicho, acabes teniendo un momento eureka.

RESPONSABILÍZATE DE TUS TRANSGRESIONES

A todos nos han transgredido los límites y todos hemos transgredido los límites de los demás.

Estas transgresiones pueden ir desde las acciones horribles de las que hemos hablado anteriormente, como violaciones y abusos, a las mierdas que nos ocurren todos los días, como terminarte el helado que sabes que tu *roomie* se estaba guardando para después. Siempre hay situaciones en las que podríamos haber actuado mucho mejor en términos de autonomía y respeto hacia los demás.

Ser un adulto significa analizar de forma crítica los mensajes que hemos estado recibiendo durante toda nuestra vida para poder tomar mejores decisiones y con más fundamento, tanto para nosotros mismos como por el mundo que nos rodea. Admitir que somos el producto de nuestras experiencias nos ayudará a descifrar los mensajes que recibimos en el pasado, ya sea por parte de amigos, de familiares o de la cultura de nuestra sociedad. Parte de este proceso incluye lidiar con las consecuencias de haber transgredido los límites de otras personas. Muchos de mis pacientes me han confesado que cargan con un enorme sentimiento de culpa por algunas de sus acciones del pasado.

La culpa no es señal de que eres un pendejo, sino de que tienes que ponerte manos a la obra, de que ahora te has dado cuenta de cómo hacerlo mejor y de que te comprometas a hacerlo. Ten presente que parte de ese proceso consiste en responsabilizarnos de nuestras acciones.

Responsabilizarse es la disposición o la obligación autoimpuesta de asumir el daño que hayamos podido causar a otros y repararlo. Puede implicar tener que escuchar y dejar espacio, sin ponerte a la defensiva, para que la otra persona pueda explicar el daño que le causaron tus acciones (algo que es muuucho más difícil de hacer de lo que la mayoría de la gente cree) para poder disculparte e interactuar de manera diferente en un futuro.

También puede implicar hacer un examen de conciencia en profundidad o analizar detenidamente la manera en la que has interactuado con el mundo a lo largo de los años. Para las personas que han consumido sustancias, esta es una parte muy importante de su recuperación. Ahora bien, no son los únicos. Las personas con historiales significativos de trauma suelen perpetuar esos ciclos de abuso y dolor hiriendo sistemáticamente a los demás y a sí mismos de la misma manera que otros los han herido a ellos. Desentrañar generaciones enteras de comportamientos tóxicos y reactivos requiere mucho esfuerzo.

Si lo conseguimos, no solo lograremos sanarnos a nosotros mismos, sino también a la gente que nos rodea y a las generaciones futuras. ¿Alguna vez has oído la expresión «Las personas heridas hieren a los demás y las personas sanadas sanan a los demás»? Lo sé, es muy pinche cursi. Pero es verdad. No podemos cambiar el pasado, okey. Lo que sí podemos hacer es decir: «Aquí es donde terminan las heridas».

Trabajar el músculo de la responsabilidad es difícil, pero es fundamental para tener relaciones sanas, a pesar de las transgresiones de los límites que ocurrirán de manera inevitable en ambas direcciones. Tal y como confirma la neurociencia, nuestra especie está programada para tejer relaciones, lo que significa que necesitamos relacionarnos para sobrevivir (no que se nos dé bien hacerlo). Deberíamos responsabilizarnos más en nuestras relaciones, en nuestra vida personal y en la profesional.

Reflexiona sobre uno de esos momentos que no puedes sacarte de la cabeza en el que transgredieras los límites de otra persona. ¿Sigues en contacto con ella? ¿La relación que tienen les permitiría mantener una discusión sobre lo ocurrido y que dieras o pidieras una disculpa, según corresponda? Algo como «¿Recuerdas aquella vez que me comí tu helado? Estuve reflexionando y te debo una disculpa sincera. Lo estabas guardando para cuando tuvieras un mal día y al final ese día terminó siendo todavía peor, porque no pudiste comértelo. No puedo retroceder en el tiempo, pero de ahora en adelante lo haré mejor». ¿Te das cuenta de que esta disculpa no incluyó ninguna explicación de por qué te comiste el helado y que tampoco le echaba la culpa a la otra persona por no habérselo comido? El objetivo es sanar la relación, no excusarte.

En caso de que quieras pedirle a alguien que se responsabilice de sus actos, podrías decirle: «¿Recuerdas el mes pasado, cuando fuimos a tomar algo y te dije que no quería beber más de dos cervezas, pero aun así pediste varias rondas de *shots* y dijiste: "No te preocupes, volveremos a casa caminando, así que no es para tanto"? Para mí fue una situación muy incómoda. Tuve la presión de beber más y me frustré porque optaste por no respetar lo que te había pedido. Terminé tomándome los *shots* y enojándome contigo. No podemos retroceder en el tiempo; pero, a partir de ahora, te expresaré mejor mis límites para que los tengas claros y puedas respetarlos».

¿Sabes otra cosa? Te advierto que lo que voy a decir a continuación es de mi propia cosecha. Tienes que aprender a disculparte sin justificar tu comportamiento. Por ejemplo, la frase «Lo siento, no tenía dinero para comprarme algo para almorzar y me comí el tuyo» es lo opuesto a una disculpa. Es una justificación. Es echar sal en la herida de sus sentimientos.

Ponerse a la defensiva por las consecuencias involuntarias tampoco es de gran ayuda. Soltar «Choqué tu auto contra un farol sin querer» no sirve de nada, por mucho que añadas un *lo siento* en alguna parte. Nadie va a presuponer que chocaste un auto prestado contra un farol a propósito. Intenta decir: «Lamento haber chocado tu auto contra un farol. Es mi responsabilidad arreglarlo». Esta disculpa transmite que te estás responsabilizando, es decir, que estás asumiendo las consecuencias de tus actos de forma honesta y completa.

Esta es una conversación completamente verídica que tuve con mi difunto esposo. Un día entró a la casa por el patio trasero y me contó que mi chimenea de barro se había roto. Cuando le pregunté qué había pasado, me contestó: «Pues se cayó y se rompió». Cuando le pregunté de dónde se había caído, respondió: «Bueno, la estaba moviendo y se resbaló. Se me escapó de los dedos y se rompió».

(Sé que ahora que lo estás leyendo te parecerá una explicación ridícula, pero en cuanto empieces a prestar atención te darás cuenta de que la gente explica sus acciones de manera similar CONSTANTEMENTE).

La conversación se alargó diez minutos más en los que yo no dejé de decir: «¿Así que se te cayó mi chimenea y la rompiste?», y él contestaba: «¡No! Se cayó y se rompió».

Cuando finalmente dijo: «¡Okey, sí! ¡Se me cayó y la rompí, pero no lo hice a propósito!», yo contesté: «¡Por supuesto que no lo hiciste a propósito! No eres un pendejo que va por ahí rompiendo las cosas de los demás a propósito».

A veces sí vamos con la intención de hacer daño, y en estos casos el ejercicio de responsabilidad que tenemos que hacer es totalmente diferente, pero en general no somos más que humanos idiotas que vamos por la vida cagándola, incluso cuando nos esforzamos al máximo para evitarlo. Qué diferente habría sido la conversación si me hubiera explicado: «Querida, estaba moviendo tu chimenea y la rompí. Podría intentar arreglarla, pero como es de barro, quizá no quede muy bien. Te compraré otra cuando cobre, el próximo viernes».

Tampoco basta con disculparse sin más. Si la situación requiere una disculpa, adelante. Ahora, si has estado robando el almuerzo de todos tus compañeros de trabajo durante semanas, dejar de hacerlo no conseguirá que vuelvan a confiar en ti. Tienes que pensar en cómo tus acciones y palabras han impactado en los demás, sobre todo si se han prolongado a lo largo del tiempo. Si discutes con tu amigo cada vez que te dice lo que necesita de ti, céntrate en escucharlo. Confírmale que estás comprendiendo los pormenores de lo que te está pidiendo y apréndetelos de memoria.

Disculparse es una muy buena herramienta para reparar relaciones, pero no siempre es la más adecuada. Puede que contactar con quien quieres disculparte no sea conveniente ni seguro. Quizá la persona en cuestión no esté interesada en lo que tienes que explicarle. En este caso, aprovecha esta nueva oportunidad para respetar sus límites. Esta es otra de las cosas que deberíamos tener muy en cuenta si queremos empezar a responsabilizarnos de nuestras palabras y nuestros actos. Tal y como dicen en el programa de los doce pasos, debemos reparar el daño que le causamos a los demás, a no ser que hacerlo les cause todavía más daño. Ten presente que reabrir en los demás las heridas que ya tienen cicatrizadas solo para nuestro propio bienestar, obviamente, se considera hacer daño.

Un amigo mío la cagó, pero bien, con una relación hace un año e intentó contactar a su ex y disculparse... Pero ella no quiso escucharlo. Cuando me lo contó, me dijo: «Tengo que respetar que no quiera saber nada de mí. Es lo mínimo que puedo hacer, ¿no?». Mi amigo no solo se dio cuenta de que aquello era un límite, sino también de que su necesidad de disculparse respondía más bien a que quería sentirse mejor y no a reparar el daño que había causado a la mujer en cuestión.

Piensa en alguien a quien quizá dañaste en el pasado. ¿Qué deberías hacer para asegurarte de que no vuelva a ocurrir en un futuro? Puede ser algo tan sencillo como llegar a la siguiente conclusión: «Nunca lo había visto de esta forma. Ahora sé que *convencer* a alguien, en realidad, es un comportamiento de mierda y no pienso volver a hacerlo» o «No debería beber tanto, porque cuando lo hago me comporto como un imbécil con los demás». Estos momentos son oportunidades fantásticas para comprometerte contigo a actuar de manera diferente en futuras interacciones.

Además de disculparte cuando sea necesario y apropiado, siempre es mucho más relevante mostrar que has cambiado y esforzarte por cambiar en lugar de decir que ya cambiaste. El apoyo mutuo es fundamental para el tipo de cambio evolutivo que necesitamos urgentemente para sobrevivir. Muchos programas de recuperación animan a las personas que ya completaron todos los pasos a que adopten el papel de padrinos o madrinas, y ayuden a los demás del mismo modo en el que recibieron ayuda. Los programas como The Forgiveness Project trabajan para visibilizar la responsabilización y la sanación. No necesitas rentar una valla publicitaria. Puedes hacer voluntariado en un grupo de apoyo local o demostrar ante los demás que te responsabilizas de tus palabras y tus acciones, ejemplificando así la efectividad interpersonal como mecanismo de cambio social (ay, vaya, me volví a poner política, ¿verdad? #SorryNotSorry).

Preguntas para reflexionar

- ¿Cómo pretendes mejorar el respeto hacia los límites de los demás? Responde a esta pregunta en positivo, centrándote en tu comportamiento. Por ejemplo: «Quiero escuchar los puntos de vista de los demás sin interrumpirlos para poder comprenderlos mejor», ya que es mucho más factible que «Quiero dejar de ser un pendejo moralista».
- ¿Por qué quieres mejorar? ¿Por qué este cambio se ha convertido en una prioridad personal?
- ¿Qué mejoras esperas que estos cambios le aporten a tu vida?

- ¿Qué mejoras esperas que estos cambios le aporten a la vida de las personas que te importan?
- ¿Cómo actuarás de ahora en adelante? ¿Qué pasos seguirás?

CONCLUSIÓN

Me gustaría contarte una historia. Mi padre es un alcohólico en recuperación desde hace un montón de años. Está sobrio desde la década de los setenta gracias a Alcohólicos Anónimos y a su padrino, un veterano canoso fiel a la escuela de Bill W. y sus doce pasos para la recuperación.

Un día su padrino le dijo que hiciera flexiones con los puños. ¿Alguna vez has hecho este tipo de flexiones? Todo su peso y fuerza recaen sobre los nudillos de la mano, y no sobre las palmas. Duele un chingo, aun si eres un militar de veintitantos años en plena forma. Sin embargo, mi padre empezó a hacerlas. Al cabo de un rato, se quejó de lo mucho que le dolía y le preguntó si podía parar. Pero cada vez que se lo pedía, su padrino le decía que continuara.

Al cabo de un rato, le dolía tanto el cuerpo que se levantó de un salto y dijo: «¡Jódete, no tengo por qué hacer esto!». Su padrino asintió con la cabeza, mostrando su conformidad, y dijo: «¡No me digas!».

De esto se trata, ¿no? A pesar de nuestra trayectoria y del contexto de nuestras circunstancias actuales, somos capaces de tomar mejores decisiones tanto para nosotros mismos como para el mundo en el que queremos vivir.

¿Qué pasaría si habláramos de nuestros deseos, necesidades, anhelos y espacio personal tan seguido y con tanta naturalidad como cuando hablamos de futbol, farándula y videojuegos? Nuestros límites en estos temas son tan reales y tangibles como los dedos de las manos y de los pies, y deberían obtener nuestro consentimiento. ¿Y si la manera en la que tratamos los límites ahora mismo fuera igual de inútil y dañina que hacer flexiones con los puños? Si todos nos levantáramos de un salto y dijéramos: «¡No tengo por qué seguir haciendo esto!», el mundo cambiaría radicalmente.

Este libro es una carta de amor a esta idea. Porque todos tenemos la capacidad de sanar y de tener relaciones sanas. Nos merecemos poder vivir de manera segura en sociedad.

Conseguir este cambio evolutivo requiere un cambio tan descomunal, tanto a nivel personal como social, que cuesta no perder la esperanza, incluso estando aquí sentados, con los nudillos amoratados y sangrientos.

Si te ha costado leer este libro tanto como a mí escribirlo, seguro que también sientes cierto agobio. No es mi objetivo escribir libros frívolos, superficiales y que te hagan sentir bien, básicamente porque simplifican demasiado el esfuerzo que requiere conseguir el bienestar emocional y lo entierran bajo mantras que aseguran que las leyes de la atracción te proporcionarán felicidad y éxito instantáneos (y también unos límites perfectos).

Los problemas que han persistido durante varias generaciones no se arreglan con verborrea, sino haciendo el esfuerzo descomunal de averiguar qué queremos realmente en la vida, los tipos de relaciones que queremos y cuál es la mejor manera de comunicar lo que queremos a las personas de nuestro entorno, pero a la vez dejándoles espacio para que puedan comunicarnos lo que quieren ellas. Pensabas que este libro iba sobre los límites y, en cambio, te encontraste con un manifiesto sobre cómo cambiar el mundo.

Al fin y al cabo, es lo mismo.

Eres capaz de hacerlo.

Te lo firmo.

CUADERNO DE ACTIVIDADES

INTRODUCCIÓN

Límites y consentimiento.

Carajo. De acuerdo.

Trabajar estos temas no es nada fácil si se hace bien. (Y cualquiera que te diga que es fácil puede irse a la puta mierda. No lo es.) No eres un fracasado por tener problemas con los límites. Bienvenido al club al que me gusta llamar *ser humano*.

Como verás, este cuaderno refresca algunos de los contenidos más relevantes del libro que acabas de leer. Recapitulemos

El término *límite* se refiere simplemente a la línea (literal o metafórica) que señala los confines de un área en particular. Los límites son el territorio fronterizo entre lo que nos pertenece a nosotros y lo que es de otros. Los límites son los pilares fundamentales de las relaciones. Definen nuestro comportamiento y rigen nuestras interacciones, nuestra manera cotidiana de expresar el consentimiento, y el espacio donde se desarrollan nuestras relaciones y nuestras comunidades. En pocas palabras, esto es lo que son los límites. Y sí, es una descripción muy simple. Pero que sea sencilla no quiere decir que sea fácil.

Hay un montón de cosas que nos impiden respetar nuestros propios límites y los de los demás. Por ejemplo, el trauma o la manera en que nos criaron (aunque no sea traumático en sí mismo, el apego que nos une a nuestros cuidadores a edades tempranas afecta todas las relaciones que tendremos en un futuro). Por supuesto, todas las cosas horribles y espantosas que ocurren en el mundo también influyen en cómo creamos los límites, los respetamos o ignoramos y, claro está, los derribamos. Por eso debemos reflexionar, practicar y comunicarnos mucho para mejorar en estos aspectos.

Dado que no puedo ser la terapeuta individual de todos y cada uno de ustedes, hice este cuaderno de actividades. La idea era que fuera un complemento: contiene ejercicios que están relacionados con varios capítulos de este libro, además de un montón que solo encontrarás aquí (sobre todo los grupales y los relacionados con el consentimiento). A pesar de todo, este cuaderno está diseñado para que funcione muy bien por su cuenta, repitiendo los fragmentos de lo que ya te conté hasta ahora que necesitarás saber sí o sí para llevar a cabo las actividades.

Bueno, ¿y qué vamos a hacer en este cuaderno? ¡Me encanta que me lo preguntes!

La primera parte trata sobre la relación que tienes contigo mismo. Está centrada en conseguir que te conozcas tanto a ti como tus límites. También tus necesidades, tus valores… y cómo tratas a los demás y cómo quieres que te traten a ti. Contiene un montón de ejercicios para que reflexiones sobre tus necesidades, tus valores, y cómo te tratan las personas de tu entorno y tú a ellas. Lo más importante es que sepamos lo que queremos y que seamos capaces de reflexionar sobre estas cuestiones. Porque, a la hora de la verdad, solo puedes tener el control sobre ti.

Y ya que hablamos de ti, quiero que sepas que puedes hacer estos ejercicios por tu cuenta. Aunque también puedes rendirle cuentas a alguien cercano a ti, o compartirlos con tu terapeuta o con un grupo. Sin embargo, te sugiero que los completes a solas antes de mostrárselos a alguien. No tiene nada de malo escuchar ideas o comentarios interesantes de los demás e incorporarlos a tu proceso, pero es superimportante que prestes atención a los pensamientos que surgen de manera espontánea.

La segunda parte está compuesta enteramente por ejercicios de anclaje. El objetivo de los ejercicios de anclaje es gestionar las reacciones de nuestro cuerpo y estar presente en el momento. Te serán de gran ayuda porque, seamos sinceros, anclarse es difícil de a madres. Pero, recuerda, es muy importante que no los hagas por tu cuenta si necesitas apoyo. ¡Pide ayuda! A una persona de confianza, a un terapeuta… A alguien a quien puedas acudir o con quien puedas procesar tus pensamientos si te alteras. Puede que mi opinión sea sesgada (o más bien debería decir que, *sin duda*, lo es), pero estoy convencida de que la terapia es lo máximo.

La tercera parte trata sobre la comunicación. Verás, conocer bien tus límites tampoco es muy útil si no puedes comunicarlos y negociar con los demás. Estos ejercicios te permitirán practicar y aplicar algunas de las estrategias de comunicación que menciono en el libro de los límites con el fin de que te prepares para hacerlo en el mundo real, y con interlocutores reales.

La cuarta parte está centrada en aprender a respetar los límites de los demás. Todos la hemos cagado en un momento u otro. Al fin y al cabo, somos personas, y las personas tienden a ser sumamente falibles e imperfectas; pero, sin duda, podemos hacerlo mejor. Por lo menos podemos cometer errores nuevos, distintos y más interesantes, en vez de repetir los del pasado, ¿verdad?

La quinta parte trata sobre los grupos. Cuando empecé a dar talleres sobre los límites y el consentimiento, me resultó muy difícil encontrar buenos recursos sobre debates y actividades grupales, así que en este libro incluí los ejercicios más útiles que empleé a lo largo de esos años. Tanto si estás organizando un grupo para hablar específicamente de los límites y el consentimiento como si, simplemente, quieres sacar estos temas en un grupo del que ya formas parte (tu grupo de terapia, de recuperación, de estudios bíblicos o de anarquismo), en este libro encontrarás un montón de recursos para animarte a empezar. Además, descubrirás mucha información y ejercicios generales para establecer límites y consentimiento en los grupos, y para lidiar con incidentes relacionados con estos temas, por ejemplo, si alguno de los miembros del grupo transgrede los límites de alguien o los acuerdos del grupo. Así que, tanto si perteneces al club BDSM, al grupo de teatro vanguardista o a la cooperativa local de kombucha (¿eso existe?), en este libro encontrarás herramientas para ayudar a que tu grupo funcione lo mejor posible.

La sexta parte está centrada en las transgresiones de los límites llevadas al extremo: el control coercitivo. Tenemos que hablar de este tema porque es la forma de abuso más común en nuestra sociedad y porque casi siempre es legal. Muchas veces la gente ni siquiera se da cuenta de que ha estado sufriendo este tipo de abuso. Por eso incluí listas de comprobaciones para que puedas determinar si la manera en la que alguien se comporta contigo va más allá de la desconsideración puntual y podría considerarse más bien abuso. También encontrarás información sobre cómo mantenerte a salvo, incluyendo tácticas de comunicación e información sobre el consentimiento.

Viene potente este libro de ejercicios, ¿que no? Definitivamente, no puedes decir que no intenté meter tantas herramientas como pude (aunque sí puedes decir que sigo utilizando demasiado la palabra *carajo*). En estas páginas encontrarás un chingo de ideas útiles... ¡Así que siéntate con una taza de tu bebida favorita y pongamos manos a la obra!

Dra. Faith

PRIMERA PARTE
CONOCE TUS PROPIOS LÍMITES

Comenzaremos con un enfoque práctico sobre los límites. Antes de nada, resumamos lo que ya abordamos a lo largo del libro.

Un límite es simplemente la línea, ya sea literal o metafórica, que marca el final de un área específica. Representa esa franja fronteriza entre lo que es nuestro y lo que pertenece a los demás.

En cualquier tipo de relación, ya sea íntima o casual, los límites pueden adoptar muchas formas. Pueden abarcar aspectos sexuales, cuestiones de privacidad o situaciones cotidianas.

Los límites no solo se definen con un «no» tajante; también se establecen mediante un «quizá» o un «sí, pero con condiciones». Además, los límites son dinámicos: cambian según el contexto, el tiempo y las relaciones. No hay una fórmula mágica que simplifique todas las situaciones, y cualquiera que afirme lo contrario está exagerando. Si este tema fuera tan sencillo, no necesitarías leer este libro.

HISTORIAL DE LÍMITES PERSONALES

Durante la infancia desarrollamos el sentido de nuestros propios límites y los hábitos de interacción con los límites de los demás, que posteriormente van evolucionando a lo largo de toda nuestra vida. En este cuaderno de actividades vamos a analizar a fondo cómo son nuestros límites ahora mismo y cómo podemos mejorarlos todavía más. Y es que los mensajes que has interiorizado respecto a tu derecho a tener unos límites sanos y reclamar tus necesidades individuales afectan todos los aspectos de tu vida.

En primer lugar, puede resultar muy útil reflexionar sobre los inicios de nuestro historial de límites e identificar los mensajes que nos influenciaron de pequeños, aunque puede que ni siquiera los recordemos.

No todos los mensajes sobre límites y consentimiento los recibimos a través del abuso, el abandono y el trauma. Incluso los padres y los cuidadores bienintencionados a veces refuerzan la idea de que nuestros límites son menos importantes que mostrarnos amables y educados con los demás.

Comprender la influencia que todas estas experiencias han tenido en nosotros no solo nos ayudará a desarrollar una mejor relación con nuestros límites actuales, sino también a sentar un mejor ejemplo en las interacciones con las personas que nos rodean.

¿Cómo te explicaron conceptos como los límites y el consentimiento cuando eras niño?

____
____
____
____
____

¿Qué ejemplos te daban los demás?

____
____
____
____
____

¿Qué mensajes recibiste sobre estas cuestiones?

____
____
____
____
____

¿Qué se esperaba de ti?

¿Cómo te impactaron todas esas expectativas?

¿Cómo continúan impactándote todas esas expectativas?

ESTILOS DE LÍMITES

Recuerda: los límites pueden ser rígidos, permeables o flexibles.

Aunque algunas personas se encasillan en una de estas categorías, la mayoría fluctúa entre las tres, según la situación en la que se encuentren.

- **Límites rígidos.** Son los límites que no se pueden sobrepasar jamás de los jamases, no existe margen de negociación. En algunos casos es más que correcto que los límites sean rígidos de a madres. Por ejemplo, mis límites de no permitir que nadie me dé un putazo en la cara o me vacíe la cuenta bancaria son rígidos, porque tienen que serlo. Pero no todos los límites tienen que ser tan inflexibles.
- **Límites permeables.** Son los límites que cualquiera que se lo proponga puede sobrepasar. Son aque-

llos que para nosotros están muy bien definidos, pero que, cuando reciben un ataque exterior, no sabemos mantener firmes. Hablando sin rodeos, cuando decimos que tenemos límites permeables en realidad estamos diciendo que dejamos que los demás nos pisoteen. Sin embargo, en ciertas situaciones, está bien que los límites sean permeables, de la misma manera que en otras lo mejor es que sean rígidos.

- **Límites flexibles.** Son los límites que situaríamos en el punto medio, del que deberíamos partir en la mayoría de situaciones en las que nuestros límites entran en juego. Los límites flexibles son los que surgen cuando escuchamos nuestra voz interior, la que desea protegernos pero a la vez quiere que crezcamos emocionalmente.

En general, ¿dirías que la mayoría de tus límites son rígidos, flexibles o permeables?

____

____

____

____

____

¿Cuáles de tus límites definirías como rígidos ahora mismo? ¿Crees que debes cuestionarte la rigidez de alguno de ellos? ¿Crees que algunos deberían ser más rígidos?

____

____

____

____

____

¿Cuáles de tus límites definirías como permeables ahora mismo? ¿Crees que debes cuestionarte la permeabilidad de alguno de ellos y trabajarlo para que sea más flexible o más rígido? ¿Crees que algunos de tus límites deberían seguir siendo permeables? En caso afirmativo, ¿cómo dirías que esta permeabilidad te ayuda, te favorece o te resulta útil en este momento de tu vida?

____

____

____

____

____

____

¿Cuál sería para ti el equilibrio ideal de tus límites? Y, ahora mismo, ¿dirías que te encuentras muy cerca o muy lejos de este ideal?

____

____

____

____

____

¿Qué aspecto puedes controlar activamente y, por ende, trabajar para avanzar en dirección a tu ideal?

____

____

____

____

____

TIPOS DE LÍMITES

Ya sabes que puede resultar útil clasificar los límites en siete categorías principales:

- **Límites físicos.** Son los límites relacionados con los pragmatismos del contacto físico (cuándo, dónde, cómo, quién, etcétera), tanto si se trata de que otro te toque a ti como de que tú toques a otro.
- **Límites de la propiedad.** Son los límites relacionados con las cosas que poseemos o reclamamos como nuestras. Nuestras casas, nuestras bicicletas o nuestras camisetas favoritas. Sin embargo, nuestros cerebritos primitivos también pueden causarnos problemas con este tipo de límites. A veces una persona decide que una de las bancas en un salón de clases o en una sala de reuniones es *la suya* y que nadie más tiene derecho a sentarse en

ella. En mi caso, llegué incluso a enojarme con alguien por haber comprado la última galleta de jengibre en mi jeta para chingarme, pues sabía perfectamente que la quería (ejem). No hay duda de que los humanos somos bastante territoriales, ¿verdad?

- **Límites sexuales.** Son los límites que engloban tanto los aspectos físicos y emocionales del sexo como también los de nuestra sexualidad, como quién nos atrae, qué nos gusta hacer con las personas que nos gustan, etcétera. También es lo que define el lenguaje, las ideas y la información que consideramos aceptable en relación con la sexualidad. También sobre las palabras que utilizamos al hablar de sexo, y si los chistes de carácter sexual nos parecen graciosos u ofensivos. El sexo es una parte tan importante en la vida de la mayoría de las personas que nuestros límites sexuales suelen ser muchísimo más amplios que los actos sexuales en los que participamos.
- **Límites emocionales-relacionales.** Son los límites que no solo tienen que ver con cómo queremos sentirnos ni con cómo quieren sentirse los demás, sino también con mostrar respeto hacia nosotros mismos y hacia el resto. Respetar este tipo de límites significa cuidar de los demás y dejarlos vivir sus propias experiencias emocionales. Pero también no hacerse responsable de sus emociones (todos hemos tenido que lidiar alguna vez con alguien que estaba de mal humor y quería desquitarse con nosotros).

- **Límites intelectuales.** Son los límites que están relacionados con nuestros pensamientos, creencias e ideas y el respeto que se les tiene. También están relacionados con nuestro acceso a la información, a las ideas y a las oportunidades de aprendizaje. Este tipo de límites están separados de los emocionales. Podemos encontrarnos con alguien que sea emocionalmente amable (más o menos), pero que luego no respete nuestra visión del mundo; o con alguien que piense que somos brillantes e inteligentes, pero que luego nos trate de la chingada en otros aspectos.
- **Límites espirituales.** Son los límites que están relacionados con nuestro sistema de creencias, con cómo lo practicamos y con cómo lo compartimos. Los límites espirituales no son lo mismo que los intelectuales porque la espiritualidad es la experiencia humana de pertenecer a un propósito mayor. Definen la relación que tenemos con algo superior a nuestras propias experiencias emocionales e intelectuales, y para ciertas personas son una gran vulnerabilidad. Las transgresiones de los límites espirituales incluyen, por ejemplo, obligar a rezar a alguien que no quiere y no dejar hacerlo a alguien que lo desea.
- **Límites temporales.** Son los límites relacionados con uno de nuestros recursos más preciados. Por supuesto, hablamos del tiempo: de los minutos, las horas, los días... Hay un montón de cosas que despiertan mi interés y que no sobrepasan

mis límites intelectuales, ni emocionales ni de ningún otro tipo, pero aun así me falta tiempo para dedicarme a ellas. Sabes de lo que te estoy hablando, ¿verdad? Dime que a ti también te pasa.

¿Cuáles son algunos de tus límites en cada una de estas categorías?

___

___

___

___

___

¿Qué tipo de transgresiones de tus límites (véase página 201) sufres más a menudo? ¿A qué categoría pertenecen?

___

___

___

___

___

¿Qué tipo de límites te cuesta más respetar en los demás? ¿A qué categoría pertenecen estas transgresiones?

___

___

___

___

___

¿Con quién te resulta más difícil establecer límites sanos?

¿Qué quieres cambiar con respecto a tus límites?

¿Qué pasos tienes planeado dar para que se produzcan estos cambios?

¿Cómo crees que los demás reaccionarán a estos cambios?

¿De qué herramientas dispones para gestionar sus reacciones?

____

____

____

____

____

¿Cómo cambiará tu vida una vez hayas hecho todos estos cambios?

____

____

____

____

____

COMPRUEBA TU REACCIÓN VISCERAL ANTE TUS LÍMITES

Reflexiona sobre estas cuestiones y escribe la primera respuesta que te venga a la cabeza.

¿Eres capaz de nombrar algunos de tus **límites físicos**? ¿Son rígidos, flexibles o permeables?

____

____

____

____

____

¿Quieres abordar alguna cuestión relacionada con tus límites físicos? ¿Qué quieres explorar en esta categoría?

¿Eres capaz de nombrar algunos de tus **límites de la propiedad**? ¿Son rígidos, flexibles o permeables?

¿Quieres abordar alguna cuestión relacionada con tus límites de la propiedad? ¿Qué quieres explorar en esta categoría?

¿Eres capaz de nombrar algunos de tus **límites sexuales**? ¿Son rígidos, flexibles o permeables?

¿Quieres abordar alguna cuestión relacionada con tus límites sexuales? ¿Qué quieres explorar en esta categoría?

¿Eres capaz de nombrar algunos de tus **límites emocionales-relacionales**? ¿Son rígidos, flexibles o permeables?

¿Quieres abordar alguna cuestión relacionada con tus límites emocionales-relacionales? ¿Qué quieres explorar en esta categoría?

¿Eres capaz de nombrar algunos de tus **límites intelectuales**? ¿Son rígidos, flexibles o permeables?

¿Quieres abordar alguna cuestión relacionada con tus límites intelectuales? ¿Qué quieres explorar en esta categoría?

¿Eres capaz de nombrar algunos de tus **límites espirituales**? ¿Son rígidos, flexibles o permeables?

¿Quieres abordar alguna cuestión relacionada con tus límites intelectuales? ¿Qué quieres explorar en esta categoría?

¿Eres capaz de nombrar algunos de tus **límites temporales**? ¿Son rígidos, flexibles o permeables?

¿Quieres abordar alguna cuestión relacionada con tus límites temporales? ¿Qué quieres explorar en esta categoría?

____

____

____

____

____

Ahora ha llegado la hora de comprobar tu reacción visceral.

Cierra los ojos, respira profundamente y vuelve a plantearte estas cuestiones. Presta atención a cómo te sientes físicamente (¡esto es importante!) y anótalo junto a las respuestas anteriores.

¿Cuál fue tu respuesta emocional al leer todas las preguntas anteriores? No te estoy preguntando por lo que crees que deberías haber contestado ni por lo que sabes intelectualmente que deberías haber contestado, sino por lo que respondió tu cuerpo.

____

____

____

____

____

¿Obtuviste alguna respuesta distinta?

____

____

____

____

____

¿Tu cuerpo te recordó alguna cosa que inicialmente no se te había ocurrido?

____

____

____

____

____

¿QUÉ TAN FLEXIBLES SON TUS LÍMITES?

Marca en la página siguiente qué tan rígidos, flexibles o permeables son tus límites en cada categoría. Solo tienes que tener en cuenta cómo estableces los límites en cada una de estas categorías, no la manera en que los demás responden a ellos (¡eso lo harás en el siguiente ejercicio!). Puede que en algún caso la respuesta dependa de la situación en la que te encuentres; por eso, debajo de cada categoría, hay un espacio para que puedas explicar o aclarar cualquier cosa.

TIPO	RÍGIDO	FLEXIBLE	PERMEABLE
LÍMITES FÍSICOS			
LÍMITES DE LA PROPIEDAD			
LÍMITES SEXUALES			
LÍMITES EMOCIONALES- -RELACIONALES			
LÍMITES INTELECTUALES			
LÍMITES ESPIRITUALES			
LÍMITES TEMPORALES			

¿LOS DEMÁS RESPETAN TUS LÍMITES?

¿Qué tan bien dirías que los demás respetan tus límites? Marca la casilla que describa el nivel de respeto que la gente de tu entorno muestra normalmente por cada tipo de tus límites. En caso de que haya alguna excepción, anótala. Por ejemplo, si todo el mundo respeta tu propiedad excepto un compañero de trabajo en concreto.

Si acabas marcando muchos *casi nunca*, por suerte tengo un montón de herramientas para ayudarte... Echa un vistazo a la sección de comunicación (véase página 259) de este cuaderno de actividades para ayudarte a desarrollar las habilidades prácticas necesarias para expresar tus límites a los demás.

Por otro lado, si acabas marcando muchos *depende*, puede que algunas de las personas de tu entorno tengan problemas para respetar tus límites. Si este es el caso, echa un vistazo a la sección sobre identificar abusos (véase página 343) de este cuaderno de actividades.

TIPO	NORMAL-MENTE	CASI NUNCA	DEPENDE
LÍMITES FÍSICOS			
LÍMITES DE LA PROPIEDAD			
LÍMITES SEXUALES			
LÍMITES EMOCIONALES-RELACIONALES			
LÍMITES INTELECTUALES			
LÍMITES ESPIRITUALES			
LÍMITES TEMPORALES			

¿RESPETAS LOS LÍMITES DE LOS DEMÁS?

¿Qué tan bien dirías que respetas los límites de los demás? Es una pregunta difícil, ¿verdad? Estoy bastante segura de que, si controlara el mundo y todos los humanos me obedecieran ciegamente, todo iría mucho mejor.

Ahora bien, tengo una mala noticia. Yo no llevo las riendas de todo. Eso significa que debo respetar los límites de los demás.

¿Y tú?

Marca las casillas que describan la frecuencia con la que respetas los distintos tipos de límites. En el caso de que haya alguna excepción, anótala. Por ejemplo, si normalmente respetas la autonomía espiritual de todo el mundo, pero por algún motivo no dejas de burlarte de tu hermano por la religión que escogió.

Si acabas marcando muchos *casi nunca*, echa un vistazo a la sección sobre respetar los límites de los demás (véase página 281) para trabajar estos aspectos.

TIPO	NORMAL-MENTE	CASI NUNCA	DEPENDE
LÍMITES FÍSICOS			
LÍMITES DE LA PROPIEDAD			
LÍMITES SEXUALES			
LÍMITES EMOCIONALES-RELACIONALES			
LÍMITES INTELECTUALES			
LÍMITES ESPIRITUALES			
LÍMITES TEMPORALES			

RECONOCER LAS TRANSGRESIONES DE LOS LÍMITES

Antes definí los límites como un constructo que nos separa de los demás. Pues bien, las transgresiones de los límites pueden darse cuando ese espacio no se negocia de manera consciente y nuestras acciones causan daño (independientemente de nuestra intención).

Por eso es tan importante el consentimiento. *Consentimiento* es una palabra de moda que confunde a muchas personas, pero en la práctica se trata de un concepto muy simple. El consentimiento es el permiso informado y voluntario dado o el acuerdo al que se llega para una actividad o un intercambio concreto entre dos o más seres conscientes. Normalmente lo utilizamos para expresar y negociar nuestros límites. Por ejemplo, si alguien te preguntara: «Oye, ¿podrías prestarme este libro?», en realidad, estaría reconociendo el libro como una de tus posesiones (¡límite de la propiedad!) y te estaría pidiendo tu consentimiento para usarlo y luego devolvértelo. En este caso, tú estarías en tu derecho de dárselo, no dárselo, o dárselo con alguna condición.

Las transgresiones de los límites se producen cuando actuamos sin consentimiento.

Pia Mellody, autora de *La codependencia*, clasifica las transgresiones de los límites en dos grandes categorías muy simples: externas e internas.

- **Las transgresiones externas de los límites** ocurren cuando alguien te hace algo físico. Por ejemplo, si alguien te toca sin que le hayas dado permiso. O si toma tus cosas sin que hayas accedido a ello. Las transgresiones externas de los límites son tangibles y medibles.
- **Las transgresiones internas de los límites** ocurren cuando alguien invade tu espacio emocional e intenta cambiar tu comportamiento y tus acciones para que se adapten a sus necesidades sin ni siquiera pedírtelo. Estamos hablando de manipulación en toda regla. A veces, incluso, en forma de control coercitivo, del que hablaremos más adelante.

En este ejercicio tendrás que echar un vistazo a la lista y marcar las casillas si has transgredido los límites de los demás o los demás han transgredido los tuyos. Al final de cada sección encontrarás más espacio para que puedas añadir lo que quieras, ya que hay mil maneras de transgredir límites.

Todo esto es muy intenso, ¿verdad? Si estás teniendo sentimientos encontrados, no dudes en saltarte unas páginas e ir directamente a los ejercicios de anclaje de la segunda parte si los necesitas.

SE LO HICE A ALGUIEN	ALGUIEN ME LO HIZO A MÍ	TRANSGRESIONES EXTERNAS DE LOS LÍMITES
Pasado ☐ Presente ☐	Pasado ☐ Presente ☐	**Abuso sexual**
Pasado ☐ Presente ☐	Pasado ☐ Presente ☐	**Abuso físico**
Pasado ☐ Presente ☐	Pasado ☐ Presente ☐	**Contacto físico indeseado** (incluyendo el contacto físico en momentos en los que alguien no quiere ser tocado, de formas en las que no quiere ser tocado y en partes en las que no quiere ser tocado)
Pasado ☐ Presente ☐	Pasado ☐ Presente ☐	**Invadir una casa ajena**
Pasado ☐ Presente ☐	Pasado ☐ Presente ☐	**Meterse delante de alguien que está haciendo fila, sin su consentimiento**
Pasado ☐ Presente ☐	Pasado ☐ Presente ☐	**No limpiar lo que uno ensucia**
Pasado ☐ Presente ☐	Pasado ☐ Presente ☐	**Utilizar las posesiones de otra persona sin su consentimiento**
Pasado ☐ Presente ☐	Pasado ☐ Presente ☐	**No devolver alguna posesión o entregarla tarde** (aunque se tomara prestada con consentimiento)
Pasado ☐ Presente ☐	Pasado ☐ Presente ☐	**No cumplir con la hora pactada** (llegar siempre tarde o demasiado pronto)
Pasado ☐ Presente ☐	Pasado ☐ Presente ☐	**Acaparar al hijo o a la hija de otra persona cuando sus padres o tutores legales están presentes**
Pasado ☐ Presente ☐	Pasado ☐ Presente ☐	**Irse a vivir con otra persona sin su permiso** (parece imposible, ¿no? Pues pasa)
Pasado ☐ Presente ☐	Pasado ☐ Presente ☐	**Fumar delante de otras personas o en su casa, sin su consentimiento**

SE LO HICE A ALGUIEN	ALGUIEN ME LO HIZO A MÍ	TRANSGRESIONES EXTERNAS DE LOS LÍMITES
Pasado ☐ Presente ☐	Pasado ☐ Presente ☐	**Hacer preguntas personales a pesar de no tener una relación muy íntima**
Pasado ☐ Presente ☐	Pasado ☐ Presente ☐	**Pedir a los demás que justifiquen sus acciones o puntos de vista cuando no nos afectan en absoluto**
Pasado ☐ Presente ☐	Pasado ☐ Presente ☐	**Hacer comentarios sobre el comportamiento de alguien cuando no nos afecta**
Pasado ☐ Presente ☐	Pasado ☐ Presente ☐	**Escuchar las conversaciones telefónicas de los demás**
Pasado ☐ Presente ☐	Pasado ☐ Presente ☐	**Leer el diario, las cartas, los correos electrónicos o los mensajes privados de los demás**
Pasado ☐ Presente ☐	Pasado ☐ Presente ☐	**Revelar secretos o asuntos que nos hayan contado en confianza** (y sí, chismear cuenta)
Pasado ☐ Presente ☐	Pasado ☐ Presente ☐	**Dar por sentados los sentimientos de los demás**
Pasado ☐ Presente ☐	Pasado ☐ Presente ☐	**Dar por sentadas las razones que motivan el comportamiento de los demás**
Pasado ☐ Presente ☐	Pasado ☐ Presente ☐	**Dar por sentados los pensamientos de los demás**
Pasado ☐ Presente ☐	Pasado ☐ Presente ☐	**Exigir, en vez de pedir**
Pasado ☐ Presente ☐	Pasado ☐ Presente ☐	**Aportar consejos o críticas constructivas sin que nos los hayan pedido o con el único objetivo de hacer daño a la persona que recibe los comentarios**
Pasado ☐ Presente ☐	Pasado ☐ Presente ☐	**Tratar a alguien de manera condescendiente** (hablarle como si fuera un niño o tuviera problemas de comprensión)
Pasado ☐ Presente ☐	Pasado ☐ Presente ☐	**Juzgar a los demás**
Pasado ☐ Presente ☐	Pasado ☐ Presente ☐	**Utilizar un lenguaje abusivo**

SE LO HICE A ALGUIEN	ALGUIEN ME LO HIZO A MÍ	TRANSGRESIONES DE LOS LÍMITES QUE PODRÍAN SER TANTO EXTERNAS COMO INTERNAS
Pasado ☐ Presente ☐	Pasado ☐ Presente ☐	**Compartir información personal sobre nosotros mismos sin asegurarnos de si la persona que nos está escuchando quiere oírla**
Pasado ☐ Presente ☐	Pasado ☐ Presente ☐	**Dirigirse a alguien en un género con el que no se identifica**
Pasado ☐ Presente ☐	Pasado ☐ Presente ☐	**Utilizar un lenguaje tránsfobo o transexcluyente**
Pasado ☐ Presente ☐	Pasado ☐ Presente ☐	**Utilizar un lenguaje racista o plagado de estereotipos raciales**
Pasado ☐ Presente ☐	Pasado ☐ Presente ☐	**Pedir demasiados favores o favores inapropiados**
Pasado ☐ Presente ☐	Pasado ☐ Presente ☐	**Dar por sentado que se producirá un intercambio de favores** (hacer favores solo porque das por sentado que te los devolverán)
Pasado ☐ Presente ☐	Pasado ☐ Presente ☐	**Triangular** (intentar usar a una tercera persona para controlar a alguien)
Pasado ☐ Presente ☐	Pasado ☐ Presente ☐	**Ignorar los noes de los demás o cualquier otro límite que hayan establecido**
Pasado ☐ Presente ☐	Pasado ☐ Presente ☐	**Ayudar a alguien sin preguntarle primero si quiere que lo hagamos**
Pasado ☐ Presente ☐	Pasado ☐ Presente ☐	**Interrumpir a alguien mientras está hablando**
Pasado ☐ Presente ☐	Pasado ☐ Presente ☐	**Intentar obligar a otros adultos a vivir según los valores morales y éticos de otra persona**
Pasado ☐ Presente ☐	Pasado ☐ Presente ☐	**Entrometerse en reuniones ajenas, como podría ser unirse a un grupo que está comiendo en un restaurante sin haber sido invitado**
Pasado ☐ Presente ☐	Pasado ☐ Presente ☐	**Insistir repetidamente en tener una relación con alguien que ya expresó claramente que no está interesado** (incluso aunque antes salieran juntos)
Pasado ☐ Presente ☐	Pasado ☐ Presente ☐	**Satisfacer nuestros deseos a costa o en perjuicio de otra persona**

¿Te llamó la atención alguna de las transgresiones de la lista, porque hasta ahora no habías caído en la cuenta de que eso era un límite?

¿Eran internas, externas o de ambos tipos?

¿Dirías que hay ciertas transgresiones de los límites que sufriste a menudo en el pasado?

¿Y en el presente?

¿Recuerdas haber cometido algunas de estas transgresiones de los límites (aunque fuera de manera inintencionada) en el pasado?

____

____

____

____

____

¿Y en el presente?

____

____

____

____

____

ACLARA LOS VALORES

Los ejercicios para aclarar los valores ayudan a determinar lo que más nos importa en la vida. Normalmente, la manera en la que nos describimos y nos percibimos (siempre y cuando lo hagamos de forma congruente) es un reflejo de esos valores. Nuestros límites deberían estar cimentados sobre lo que consideramos más valioso en nuestra vida.

Si hay una desconexión entre tus valores y tus acciones, aprovecha esta oportunidad para analizarla y retomar tu rumbo.

A la mayoría de la gente lo que más le cuesta es definir cuáles son sus valores en oposición a los valores que les han impuesto otras personas, ya sean sus padres u otros cuidadores cuando eran niños, sus amigos o la sociedad en general. Si te alineas con tus propios valores, obtendrás una sensación de propósito que te ayudará a mejorar con los límites.

Muchas personas no tienen un lenguaje propio para verbalizar sus valores. Así que ahora encontrarás una lista larguísima de potenciales valores (además de espacio suficiente para que puedas escribir algunos de tu propia cosecha).

Abnegación
Abogar por algo
Acabar con el fascismo
Aceptación
Actitud de campeón
Adaptabilidad
Alegría
Amabilidad
Amante de las sorpresas
Ambición
Amor
Aplomo
Apoyo
Aprendizaje
Armonía
Asertividad
Asombro
Atención
Audacia
Autocompasión
Autocuidado
Belleza
Bondad
Brillantez
Capacidad
Certidumbre
Claridad
Comodidad
Compartir
Compasión por el prójimo
Compasión por los animales
Complacencia
Comprensión
Compromiso
Comunicación
Concentración
Conexión
Confianza
Confortabilidad
Conocimiento
Consideración
Contribuir
Controlar
Convicción
Cooperación
Coraje

Cortesía
Creación
Crear hogar
Creatividad
Crecimiento
Credibilidad
Cuestionar la autoridad
Curiosidad
Dadivosidad
Decencia
Decisión
Desafío
Desarrollo
Descubrimiento
Desempeño
Desmantelar sistemas opresivos
Determinación
Devoción
Dignidad
Dinamismo
Disciplina
Disfrute
Diversión
Ecologismo
Efectividad
Eficiencia
Empatía
Empoderamiento
Encantar
Energía
Entusiasmo
Equilibrio
Esparcimiento
Esperanza
Espiritualidad
Espontaneidad
Estabilidad
Estar centrado
Estatus
Estructura
Ética
Excelencia
Éxito
Experiencia
Exploración
Expresión artística
Expresividad
Fama
Familia
Felicidad
Feminismo
Fidelidad
Fiereza
Firmeza
Fortaleza
Franqueza
Generosidad
Genialidad
Gracia

Grandeza
Gratitud
Habilidad
Honestidad
Honor
Honorabilidad
Honradez
Hospitalidad
Humildad
Humor
Hygge
Imaginación
Independencia
Individualidad
Influencia
Innovación
Inspiración
Integridad
Inteligencia
Intensidad
Interacciones artísticas
Interseccionalidad
Intuición
Irreverencia
Justicia
Justicia social
Lealtad
Legitimidad
Libertad
Liderazgo
Lógica
Madurez
Magia
Meticulosidad
Moderación
Motivación
Neutralidad
Optimismo
Organización
Originalidad
Paciencia
Pasión
Paz
Pegar a los nazis
Pericia
Perseverancia
Perspicacia
Planificación
Poder
Potencial
Practicidad
Precisión
Presente
Prestar apoyo
Previsión
Productividad
Profesionalismo
Propósito
Prosperidad
Prudencia

Pulcritud
Puntualidad
Racionalidad
Reconocimiento
Rectitud
Reflexividad
Relajación
Representación
Resiliencia
Resistencia
Respeto
Responsabilidad
Riesgo
Rigurosidad
Riqueza
Saber administrar
Saber contar historias
Sabiduría
Salud
Satisfacción
Seguridad
Seguridad en uno mismo
Sensibilidad
Sentido común
Sentimientos
Ser de fiar
Ser *queer*
Ser realista
Ser resolutivo
Ser servicial
Serenidad
Sexualidad
Silencio
Simplicidad
Sinceridad
Singularidad
Sobriedad
Soledad
Tener conciencia
Tener propósito
Tolerancia
Trabajo duro
Trabajo en equipo
Tradición
Tranquilidad
Transparencia
Triunfo
Unidad
Valentía
Victoria
Vigor
Visión
Vulnerabilidad

¿Extrañas algún valor en la lista? Escríbelo aquí.

DETERMINA TUS VALORES

Valores de las personas que me criaron (padres, tutores, otros familiares, etcétera)

____

____

____

____

____

Valores de las personas importantes de mi vida (amigos, parejas, etcétera)

____

____

____

____

____

Valores específicos de mi comunidad local o herencia cultural

____

____

____

____

____

Valores de mi comunidad más amplia

____

____

____

____

____

Valores por los que me gustaría guiar mi vida

____

____

____

____

____

Valores por los que rijo mi vida ahora mismo

____

____

____

____

____

MI YO AUTÉNTICO

Este es un espacio para que reflexiones sobre todo lo que has estado trabajando en torno a tus valores personales y fotografíes la esencia de tu identidad actual.

Soy…	**No soy…**
____________________	____________________
____________________	____________________
____________________	____________________
____________________	____________________
____________________	____________________
Quiero…	**No quiero…**
____________________	____________________
____________________	____________________
____________________	____________________
____________________	____________________
____________________	____________________
Querré…	**No querré…**
____________________	____________________
____________________	____________________
____________________	____________________
____________________	____________________
____________________	____________________

HONRAR TUS VALORES A TRAVÉS DE TUS LÍMITES

Ya hiciste una lista de tus valores esenciales (¡buen trabajo!) y la usaste para dar con los fundamentos de tu yo auténtico (¡te la estás rifando!). Ahora ha llegado el momento de encauzar estas ideas y pasar a la acción (y cuando digo que «hay que pasar a la acción» me refiero a que hay que establecer límites de manera proactiva).

Utiliza esta página para planificar cómo conseguirás alcanzar los valores por los que ahora sabes que te gustaría guiar tu vida.

VALOR	ACCIONES QUE DEBO EMPRENDER	LÍMITES QUE DEBO ESTABLECER

TU FUNERAL IDEAL

Imagina tu propio funeral. Viviste una vida larga y plena, y el panegírico que escribieron en tu honor habla de quién eres y de todo lo que conseguiste en la vida. ¿Quién lo está leyendo? ¿Y qué dice?

UN EJERCICIO DE VOZ

Audre Lorde era una feminista, activista, poeta y escritora caribeña que murió de cáncer en 1992, justo cuando yo estaba empezando a descubrir su obra. Es autora de frases como «Las herramientas del amo nunca desmontarán la casa del amo». El ensayo original del que extraje esta frase se puede encontrar en una colección de sus ensayos y discursos titulada *La hermana, la extranjera.*

La idea principal de esta oración es que nunca conseguiremos que cambie nada si seguimos las normas que crearon otras personas sin tomarnos en cuenta. Estas viejas normas (hola de nuevo, cultura de la violación) que nos rodean están diseñadas para perpetuar la opresión, no para darnos voz y ayudarnos a empoderarnos.

Al hacer esta reflexión, nos pueden surgir varias preguntas: ¿qué podemos hacer para recuperar nuestra voz?

¿Cómo podemos aprender a dar nuestra opinión de manera segura?

Estas cuestiones fundamentales son un punto de partida fantástico para despojarnos de condicionamientos sociales y experiencias pasadas que silenciaron nuestra auténtica voz, la cual necesitamos para reconocer y comunicar límites saludables. El texto original de Audre Lorde, de su libro *Los diarios del cáncer*,[1] está en negrita; debajo, entre paréntesis, mis interpretaciones como terapeuta.

¿Qué palabras no tienes todavía?

(¿Has vivido alguna experiencia que eres incapaz de describir porque te faltan palabras para hacerlo?).

____

____

____

____

____

¿Qué necesitas decir?

(¿Qué es lo que todavía no has compartido ni siquiera contigo mismo? Tal vez porque no tengas palabras para hacerlo. Añade todo lo que quieras a la lista).

____

____

____

____

____

[1] Lorde, A. *Los diarios del cáncer*. Barcelona: Virus, 2020.

¿Qué tiranías te tragas día a día e intentas hacer tuyas, hasta que te enfermen y te maten, todavía en silencio?

____

____

____

____

____

Hemos sido socializadas para respetar más el miedo que nuestras propias necesidades de lenguaje, así que pregúntate: ¿qué es lo peor que me podría pasar si dijera esta verdad?
(¿Qué es lo peor que podría pasar? ¿Y lo mejor? ¿Y lo más probable? ¿Te conviene alzar la voz ahora mismo? En caso negativo, ¿qué tendría que cambiar para que valiera la pena?).

____

____

____

____

____

CARTA DE DERECHOS PERSONALES

Nuestros valores e ideales conforman la manera en la que navegamos por el mundo de manera respetuosa con nosotros mismos y el resto. Puede que tener en cuenta nuestra carta de derechos personales nos ayude a ser conscientes de cómo navegamos por el mundo, sobre todo si en nuestra niñez no respetaron nuestros deseos y necesidades. Incluí algunos puntos en la lista para ayudarte a empezar, pero puedes añadirlos o desestimarlos según consideres.

1. Tengo derecho a responsabilizarme de mis propias reacciones emocionales.
2. Tengo derecho a comunicarme con honestidad y a esperar a cambio una comunicación honesta.
3. Tengo derecho a determinar mis propias prioridades.

4. Tengo derecho a decir que no sin dar ninguna explicación.
5. ____
   ____
6. ____
   ____
7. ____
   ____
8. ____
   ____
9. ____
   ____
10. ____
   ____

NO ES ASUNTO MÍO

Este ejercicio es un recordatorio de que los sentimientos de los demás no son tu responsabilidad. Cuando tienes una relación con alguien, puedes dejarle espacio para que te cuente sus experiencias, pero esto no significa que debas convertirte en su cuidador emocional.

Tómate este ejercicio como la oportunidad para recordar que no eres responsable de todo. Añadí unos cuantos ejemplos para ayudarte a empezar, pero también puedes ignorarlos si no te gustan.

1. No es asunto mío arreglar la vida de los demás.
2. No es asunto mío responsabilizarme de los sentimientos de otras personas.
3. No es asunto mío estar de acuerdo con las opiniones y las creencias de los demás.
4. No es asunto mío anticipar las necesidades de las personas de mi entorno.

5. ____

____

6. ____

____

7. ____

____

8. ____

____

9. ____

____

10. ____

____

BANDERAS ROJAS Y BANDERAS VERDES

Hoy en día se habla bastante de las banderas rojas, y este cuaderno de actividades no es una excepción, ya que encontrarás una lista entera de banderas rojas relacionadas con el control coercitivo. Sin embargo, en contraposición, normalmente no nos paramos a pensar en cómo son las banderas verdes. Reconocer las señales que indican que alguien es de fiar es igual de importante que reconocer las evidencias que muestran que alguien no lo es. Aquí tienes un espacio para monitorear tus propias banderas rojas y banderas verdes, además de algunas ideas que pueden servirte como punto de partida. Intenta recordar situaciones en las que alguien te haya demostrado que estaba dispuesto a respetar tus límites o, por el contrario, se negara a hacerlo. También situaciones en las que hayas visto estas actitudes. ¿Y bien? Considera hacer una lista de tus *ideales* en términos de banderas verdes. Esto te ayudará a reflexionar sobre el tipo de personas a las que quieres observar de cerca cuando entren en tu vida para poder cultivar una relación con ellas.

BANDERAS ROJAS	BANDERAS VERDES
Se pelea contigo cuando dices que no quieres hacer algo.	Se muestra decepcionado, pero respeta tu decisión.
Te interroga sobre tus límites o sobre tu manera de pensar.	Te hace preguntas para poder comprender mejor tu experiencia.
______________________	______________________
______________________	______________________
______________________	______________________
______________________	______________________
______________________	______________________
______________________	______________________
______________________	______________________
______________________	______________________
______________________	______________________
______________________	______________________
______________________	______________________
______________________	______________________
______________________	______________________
______________________	______________________
______________________	______________________
______________________	

ESQUEMA DE LOS ESTILOS DE APEGO

Nuestras experiencias tempranas afectan a lo que los terapeutas denominan *estilos de apego*, es decir, las dinámicas que utilizamos para navegar por nuestras relaciones interpersonales. Normalmente, los estilos de apego que tuvimos durante la infancia afectan nuestras relaciones posteriores y nuestra capacidad de reconocer y poner límites con amigos, familiares y parejas.

Así que vamos a echar un vistazo a los tres estilos de apego:

- **Apego seguro.** Los estudios muestran que un 60% de la población tuvo un apego seguro durante su infancia. Estas personas suelen sentirse muy cómodas con los demás. Se sienten seguras cuando dependen de alguien o cuando alguien depende de ellas. No pierden los papeles constantemente por miedo a ser abandonados o a que alguien se acerque demasiado. Por lo que, en general, son bastante sanos. Y bueno... también son medio raritos. Las personas con apego seguro suelen tener límites sanos y flexibles porque por lo general la vida no les da miedo. Pueden expresar lo que necesitan porque confían en que sus necesidades serán respetadas, pero tampoco les importa que los demás las cuestionen porque dan por sentado que velan por sus intereses y su crecimiento personal.

- **Apego evitativo.** El 20% de la población tiene un estilo de apego que se denomina evitativo. Son personas a las que les cuesta confiar o depender de los demás y, a grandes rasgos, se sienten incómodas con el nivel de proximidad que los demás quieren de ellas. Las personas con apego evitativo son las que es más probable que tengan unos límites bastante rígidos. Debido a sus experiencias vitales, sus cerebros no dejan de gritar: «¡Que se chinguen estos cabrones, no podemos confiar en ellos!».
- **Apego ansioso.** El 20% restante (porcentaje que seguramente ya habías adivinado si sabes un poco de matemáticas) tiene un estilo de apego ansioso. Esas personas suelen estar preocupadas por si los demás no los quieren o no quieren estar con ellas, o por si ahuyentarán a su pareja. Suelen anhelar una proximidad con los demás que nunca llegan a conseguir. Las personas con apego ansioso tienden a tener límites más permeables, ya que se dejan pisotear frecuentemente para intentar complacer a los demás.

Estas son las tres categorías básicas que los investigadores identificaron a finales de la década de los setenta y a principios de la de los ochenta. Los estilos de apego se observaron por primera vez en niños y en la relación que tenían con sus cuidadores, y se trasladaron a los adultos para comprobar si se mantenían en relaciones maduras.

Estas categorías tienen mucho sentido, pero en realidad no tienen en cuenta las distintas manifestaciones de los estilos de apego en nuestra vida cotidiana. Se siguieron haciendo estudios en la década de los noventa y concluyeron que los apegos evitativos y ansiosos no tienen por qué ser excluyentes: se ve que, para complicar aún más las cosas, algunas personas pueden tener ambos estilos. Así que, a fin de cuentas, nuestras respuestas de apego pueden parecerse a cualquiera de las siguientes opciones:

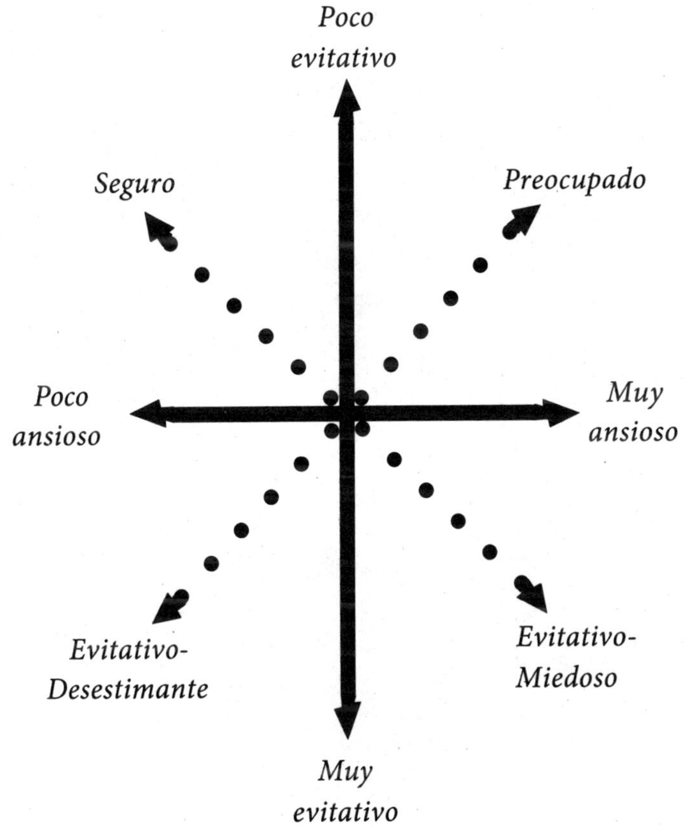

TUS RELACIONES DE NIÑO

Escribe en cada círculo el nombre de alguien cercano a ti y la dinámica de apego que tienes con esa persona.

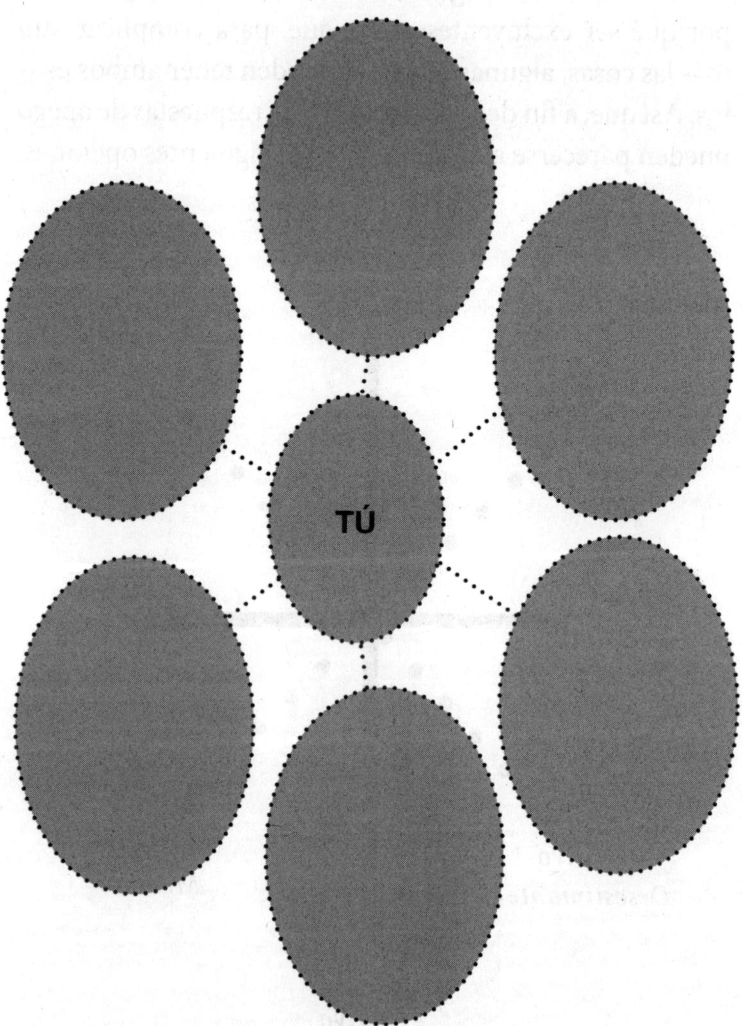

TUS RELACIONES AHORA

Escribe en cada círculo el nombre de alguien cercano a ti y la dinámica de apego que tienes con esa persona.

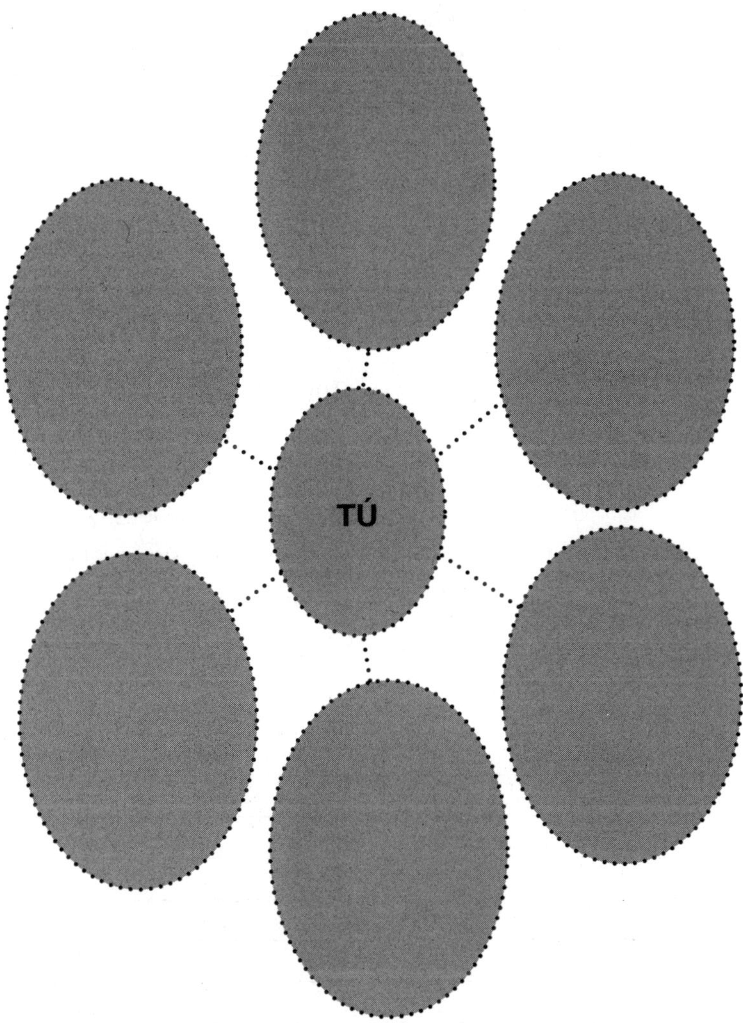

Preguntas para reflexionar

¿Tus padres u otros cuidadores se mostraban retraídos o distantes contigo? ¿Qué es lo que no sabían o no comprendían de ti? ¿En qué ocasiones no te apoyaron o no estuvieron presentes?

____
____
____
____
____
____
____
____

¿Cómo afectó todo esto a la imagen que tenías de ellos y del mundo?

____
____
____
____
____
____
____
____
____

¿Qué normas aplicaste a los demás después de tomar como base estos patrones?

____
____
____
____
____
____
____
____

¿Tus padres y otros cuidadores se metían mucho en tu vida? ¿Cómo te utilizaban para satisfacer sus necesidades? ¿Cuáles de sus valores, sus creencias y sus preferencias esperaban que compartieras?

____
____
____
____
____
____
____
____
____

¿Cómo afectó todo esto a la imagen que tenías de ellos y del mundo?

____
____
____
____
____
____

¿Qué normas aplicaste a los demás después de tomar como base estos patrones?

____
____
____
____
____
____
____

¿Cómo han afectado esta manera de ver la vida y estas normas a tus relaciones actuales?

____
____
____
____
____
____

¿Has notado alguna correlación entre tus patrones de apego y el hecho de tener unos límites demasiado rígidos?

____
____
____
____
____
____
____
____

¿Y unos límites demasiado permeables?

____
____
____
____
____
____
____
____

APRENDER LAS RESPUESTAS DE TU CUERPO

Este es un muy buen ejercicio para hacer con otra persona (aunque también puede practicarse en una sesión grupal si después todo el mundo tiene la oportunidad de procesar sus experiencias). Puede incluir contacto físico (estrechar las manos, abrazarse, etcétera), pero no es obligatorio. Se puede sustituir por tomar algo prestado, utilizar algo que te pertenezca o invadir el espacio personal de otra persona sin llegar a tocarla.

El objetivo es aprender cómo responde tu cuerpo cuando aceptas hacer algo que en realidad no quieres hacer o cuando rechazas hacer algo que realmente deseas hacer. Sin duda, te ayudará a prestar atención a las señales de tu cuerpo físico y a descubrir sus límites. Fíjate en tus reacciones y escríbelas más abajo.

Para poner en práctica este ejercicio, debes pensar en cosas que quieras hacer con la persona que estás practicando... y en otras que no quieras hacer (pero nada horrible o turbio... Basta con algo que no te entusiasmaría hacer si no fuera por este ejercicio. Por ejemplo, dejar que revise tu bolsa, que te pase el brazo por encima del hombro o algo así). Prueba a decir *sí* cuando de verdad quieras hacer algo y también cuando no quieras hacerlo. Y lo mismo con el *no*. Fíjate en cómo reacciona tu cuerpo.

UN *SÍ* AUTÉNTICO	**UN *SÍ* FALSO**
UN *NO* AUTÉNTICO	**UN *NO* FALSO**

¿Alguna situación te ha hecho pensar *no lo sé, no estoy seguro, tal vez* o *estoy confundido*? ¿Cómo te has sentido?

SEGUNDA PARTE
EJERCICIOS DE ANCLAJE

En capítulos anteriores ya expliqué que, cuando establecemos límites sanos por primera vez, es normal que experimentemos el fenómeno del *tiro de retorno*. Este término lo usan Kristen Neff y Christopher Germer para referirse a los sentimientos de culpabilidad y malestar que sentimos habitualmente cuando empezamos a esforzarnos por autocuidarnos.

Cuando te invada este sentimiento de malestar, intenta hacer lo siguiente:

1. Ponle la etiqueta que le corresponda y no te azotes por ello. Trátate a ti mismo con la misma amabilidad con la tratarías a un ser querido. «Ah, okey. Eso es el tiro de retorno. Es normal que me esté ocurriendo. De hecho, es una buena señal, ya que significa que estoy progresando con esta tarea tan difícil».

2. Analízate. Presta especial atención a tus sensaciones corporales y a tus emociones, y pregúntate: «¿Qué necesito para sentir seguridad en este momento y continuar trabajando en los límites en vez de recaer en los viejos hábitos?».
3. Toma las medidas que te parezcan oportunas (quemarlo todo no es una medida adecuada, o eso me han dicho, así que bórrala de la lista).
4. Si no puedes hacer nada pragmático, utiliza uno de los ejercicios de anclaje para centrarte en tu cuerpo hasta que esos sentimientos disminuyan lo suficiente como para que vuelvas a sentir que estás en el presente. Esta parte del libro está llena de ejercicios que te ayudarán a calmarte.

AFIRMACIONES DE ANCLAJE

Una de las muchas cosas que hace el cerebro para mantenernos a salvo es contarnos una historia sobre el pasado y superponerla al presente para que tengamos la sensación de estar reviviendo una situación traumática. Es un mecanismo de defensa chingón cuando nos encontramos en situaciones realmente peligrosas... Pero no nos ayuda en absoluto a lidiar con nuestros problemas del pasado para que podamos sanar y dejarlos atrás.

El ejercicio que encontrarás a continuación es muy sencillo e ideal para las situaciones en que tu cerebro active este mecanismo. Te animo a encontrar una afirmación de anclaje que te recuerde que estás en el presente y que estás haciendo un trabajo muy importante. Algo tipo:

- Esto es solo un recuerdo. Los recuerdos son una mierda, pero no pueden hacerme daño.
- Antes era una víctima. Ahora soy un sobreviviente.

Encuentra una afirmación que te funcione, apúntala en alguna parte y utilízala hasta el hartazgo cada vez que la necesites.

¡PISA EL FRENO! HORA DE ANCLARSE: 5... 4... 3... 2... 1

Porque sí, porque estas últimas páginas han sido difíciles. Así que ahora toca comprobar que estás bien, asegurarte de que estás en el presente y de que no te alteraste. Este ejercicio de anclaje requiere tus cinco sentidos, ya que así es como conseguimos conectar y estar presentes en el mundo que nos rodea. ¡En marcha!

1. Fíjate en **cinco** cosas que **veas** a tu alrededor y enuméralas (en voz alta o dentro de tu cabeza).
2. Ahora fíjate en **cuatro** cosas que estén a tu alrededor y que puedas **tocar**, y enuméralas. No tienes por qué tocarlas, pero hazlo si así lo deseas.
3. Ahora fíjate en **tres** cosas que **oigas** a tu alrededor y enuméralas
4. Ahora fíjate en **dos** cosas que **huelas** y enuméralas. Tienes totalmente permitido ir a buscar algo, como el jabón del baño o lo que se te ocurra.

5. Ahora fíjate en **una** cosa que puedas **saborear**. Puedes ir a buscar algo a la cocina si quieres, pero el sabor que te quedó del almuerzo o de la pasta de dientes en la mañana también cuenta. Opta por lo que más te convenga.

MEDITACIÓN DEL AMOR BENEVOLENTE DE LOS LÍMITES

La meditación del amor benevolente (también conocida como meditación Metta o Maitri) consiste en honrar nuestro deseo de librarnos del sufrimiento. Se trata de un concepto budista, pero la versión más secular es la autocompasión, es decir, el proceso de lograr un cambio positivo en nuestras vidas tomando conciencia de nuestras experiencias en vez de tratarnos como una mierda por ser seres humanos imperfectos, ya que hacerlo no nos ayuda a mejorar a largo plazo.

Por eso, trabajar los límites es crucial para la autocompasión.

Kristen Neff y Christopher Germer, investigadores de la autocompasión, sugieren que para encontrar tu propio mantra debes preguntarte:

«¿Qué necesito? ¿Qué necesito realmente?».

Este proceso es una herramienta maravillosa para comprender tus límites y establecerlos de manera consciente. Normalmente las frases empiezan con *que* y un verbo en subjuntivo, una fórmula usada en las enseñanzas budistas para orientar el corazón hacia una dirección positiva. Aquí te dejo unas frases de ejemplo:

«Que no reciba tocamientos indeseados».
«Que me respeten por mis creencias».
«Que tenga espacio para pensar, sentir y soñar».

También te digo que no pasa nada si no tienes ni puta idea de lo que necesitas. En serio. Darte cuenta de que no sabes algo es el primer paso para averiguarlo. Al fin y al cabo, hasta ahora habías salido adelante sin ni siquiera darte cuenta de que estabas desatendiendo algo, ¿verdad? En este caso, tal vez las frases serían más del tipo:

«Que aprenda a sintonizar con mi auténtica voz interior».
«Que sea compasivo conmigo mismo por lo mucho que me cuesta este proceso».
«Que sea paciente conmigo mismo mientras descubro lo que me importa».

Qué buen truco mental, ¿verdad? ¿Quién diría que darse cuenta de que algo es difícil haría que resultara un poco más sencillo de hacer? Mejorar no es algo mágico e instantáneo; pero, si perseveras, acabarás viendo resultados. Te lo prometo.

MEDIR LA RESPIRACIÓN CON PASOS

Encuentra un lugar por el que puedas caminar despreocupadamente. No tiene que ser un sendero, basta con que camines en círculos por el patio de tu casa o por el estacionamiento que está junto a tu trabajo (así los demás creerán que estás loco y te dejarán en paz, a eso lo llamo matar dos pájaros de un tiro).

Respira con normalidad. ¡Ojo! Como tú consideres normal. Respira como lo haces siempre.

Genial. Camina y respira. De momento vamos bien, ¿no?

Ahora fíjate en cuántos pasos das durante un ciclo de respiración completa en el que inhales y exhales. Encuentra tu propio ritmo. Cada uno tiene el suyo. Continúa haciendo lo mismo durante unos cuantos minutos más. Camina y respira… ¡Te estás luciendo con esto de la intervención terapéutica!, ¿eh? Velo sabiendo.

Okey. Ahora alarga las exhalaciones un paso más. No las fuerces, deja que se alarguen de manera natural.

Puede que entonces te den ganas de alargar también las inhalaciones. Si quieres hacerlo, adelante. Continúa con este ciclo durante diez respiraciones más.

Ahora alarga las exhalaciones un paso más. Fíjate en si las inhalaciones también se alargan un paso de manera natural. Hazlo si tu cuerpo así lo pide. Continúa con este patrón unos veinte ciclos más.

Ahora retoma tu patrón de respiración habitual. ¿Sigues en el estacionamiento? Nadie ha llamado al 911 para que vengan a comprobar que estás en tus cinco sentidos, ¿no? Si estás lo bastante bien como para seguir caminando, continúa con tu patrón de respiración original (normal) durante otros cinco minutos más.

Si gustas, vuelve a alargar la respiración como máximo durante diez o veinte ciclos antes de retomar tu respiración habitual (no queremos que empieces a marearte en al estacionamiento).

Para cuando estés bien. Solo tú sabes cuándo es el momento.

INDAGACIÓN APRECIATIVA

En el mundo de la salud mental, algunas de las mejores herramientas de comunicación que enseñamos provienen del sector de los negocios. Este ejercicio, extraído de *The Five Wisdom Energies: A Buddhist Way of Understanding Personalities, Emotions, and Relationships* [Las cinco energías de la sabiduría: La manera budista de entender las personalidades, las nociones y las relaciones] de Irini Rockwell, proviene de la psicología industrial y se utiliza en las empresas para fomentar el trabajo en equipo. Está diseñado para ayudarnos a ser más conscientes de nuestros deseos y patrones habituales, y para que podamos comunicarnos de manera más eficiente. Si los límites son los pilares de nuestras relaciones, entonces esta es una manera fantástica de averiguar cuáles deberían ser estos límites, sobre todo si hablar de límites te resulta abrumador y te parece imposible.

La primera vez que lo puse en práctica fue con mi hijo. Debía tener unos quince años (o sea, que estaba en esa edad en la que no toleraba muy bien los asuntos de su madre). Así que el hecho de que le gustara dice mucho.

Si haces este ejercicio con otra persona, pueden turnarse para formularse las preguntas. Pueden pedir más información de manera positiva («¡Oh, vaya! ¡Me encantaría saber más sobre esto!»), pero no juzgar, corregir ni cuestionar las respuestas. No comenten nada hasta que la otra persona haya terminado de responder todas las preguntas. Cuando terminen el ejercicio, intercambien los papeles y que la persona que antes había respondido haga las preguntas y escuche las respuestas.

El objetivo es ayudarnos a definir nuestros objetivos relacionales a largo plazo y cuál es la mejor manera de respaldarlos.

¿En qué momentos de tu vida te has sentido mejor respecto a ti mismo?

____

____

____

____

____

¿En qué momentos de tu vida te has sentido mejor respecto a tus relaciones con los demás?

____

____

____

____

____

¿Qué circunstancias externas contribuyeron a hacer posibles estas buenas experiencias?

____

____

____

____

____

¿Qué hicieron los demás o cuáles de sus cualidades contribuyeron a que estas experiencias fueran tan buenas para ti?

____

____

____

____

____

¿Qué hiciste o cuáles de tus cualidades contribuyeron a que estas experiencias fueran tan buenas para ti?

____

____

____

____

____

¿Qué objetivos, esperanzas y sueños tienes para ti mismo? ¿Y para tus relaciones en un futuro? ¿Cómo te gustaría que fueran tus relaciones dentro de cinco años?

____

____

____

____

____

¿Qué te gustaría hacer para contribuir a que esto se haga realidad?

____

____

____

____

____

Aprovecha este momento para recopilar toda esta información y moldear o crear límites para que todo esto fructifique. ¿Crees que algunos de tus límites actuales son demasiado rígidos o permeables para contribuir a que se produzcan estos cambios? ¿Crees que deberías eliminar algunos? ¿O añadir otros nuevos?

____

____

____

____

____

TERCERA PARTE
COMUNICAR TUS LÍMITES

Si algún profesor hubiera tenido la genial idea de decir «¿Saben algo? ¡Hoy vamos a mandar al diablo estos libros de texto desfasados y mejor aprenderemos a comunicarnos de manera eficiente!» durante tu periodo educativo, esta sección no existiría. Tal vez ni siquiera tendría trabajo. Ahora bien, lo más probable es que nadie haya asistido nunca a una clase de este tipo.

Sin embargo, la mayoría de la gente tiene muchos problemas para comunicarse de manera eficiente, sobre todo las personas que evitan los conflictos. Disponer de unas buenas herramientas puede ayudar mucho con este proceso. Así que dejemos de lado los estúpidos libros de texto y aprendamos algo útil. ¿Qué te parece?

La idea principal es que cada intercambio verbal tiene cuatro niveles:

- **Lo que queremos decir.** La idea que estás intentando expresar.
- **Lo que decimos realmente.** Si se te da muy bien decir exactamente lo que quieres decir en todo momento, espero que escribas un libro explicando cómo lo consigues. Al resto de los mortales nos suele ocurrir que lo que tenemos en la cabeza y lo que nos sale por la boca no siempre coincide.
- **Lo que la otra persona oye.** Aunque digas lo que piensas, eso no significa que la otra persona lo oiga sin ningún filtro.
- **Lo que la otra persona cree que quieres decir.** Aunque digas «me da igual lo que cenemos», y realmente te dé igual, tu pareja puede pensar que tienes alguna intención oculta u otra idea distinta en mente de la que expresaste.

Conforme vayas haciendo este ejercicio, reflexiona sobre situaciones comunicativas pasadas y ten esta lista en tu mente para futuras comunicaciones. Te garantizo que te sorprenderás por la cantidad de cosas de las que te darás cuenta.

HABLAR EN PRIMERA PERSONA

Si nos enseñaran a hablar en primera persona desde la guardería, no tendría trabajo. Esta herramienta denota cierto nivel de responsabilidad por nuestras emociones a la par que informa a los demás sobre cómo su comportamiento afecta nuestras emociones.

Al principio, utilizar esta técnica te resultará muy extraño y difícil porque en esta sociedad no estamos acostumbrados a hablar de nuestras emociones.

Mi anécdota favorita relacionada con esto es la de una paciente que tuve hace unos años, quien decidió empezar a hablar en primera persona. Una vez me dijo:

> ¡Tengo la sensación de que eres imbécil!

Hilarante. Pero no es así como se utiliza esta técnica. Te dejo algunos ejemplos mejores:

> Me pone nervioso que subas la voz durante una discusión. Me gustaría que no lo hicieras.

Si además explicas por qué te sientes así, conseguirás puntos extra. Por ejemplo:

> Me frustra y me duele que digas que lavarás los trastes antes de que llegue a la casa y que luego no lo hagas. Me gustaría que cumplieras con las tareas que te comprometiste a hacer. Cuando priorizas hacer cosas que sabes que para mí son importantes, me siento cuidado, y me gusta llegar a la casa y encontrar la cocina limpia para poder cenar enseguida, porque normalmente a esa hora ya me estoy muriendo de hambre.

Incluso podrías ir un paso más allá y reconocer que tu interlocutor no quería causarte la angustia que has sentido añadiendo algunas frases como:

> El chiste que acabas de contar me incomodó. Sé que solo pretendías ser gracioso y que pensabas que me reiría, no que me molestaría. Pero los chistes sobre este tema me generan conflicto. Te agradecería que no hicieras este tipo de bromas cuando esté presente.

Inténtalo con tu pareja cuando estés encabronado (o emocionado). Aprovecha esta ocasión para practicar con algunos de los problemas más comunes tanto para ti como para las personas con las que te comunicas con regularidad.

Tengo la sensación de que ______________________________
Cuando tú ______________________________
Me gustaría que ______________________________

Tengo la sensación de que ______________________________
Cuando tú ______________________________
Me gustaría que ______________________________

Tengo la sensación de que ______________________________
Cuando tú ______________________________
Me gustaría que ______________________________

Tengo la sensación de que ______________________________
Cuando tú ______________________________
Me gustaría que ______________________________

Tengo la sensación de que ______________________________
Cuando tú ______________________________
Me gustaría que ______________________________

Tengo la sensación de que ______________________________
Cuando tú ______________________________
Me gustaría que ______________________________

Tengo la sensación de que ______________________________
Cuando tú ______________________________
Me gustaría que ______________________________

Tengo la sensación de que ______________________________
Cuando tú ______________________________
Me gustaría que ______________________________

Tengo la sensación de que ______________________________
Cuando tú ______________________________
Me gustaría que ______________________________

Tengo la sensación de que ______________________________
Cuando tú ______________________________
Me gustaría que ______________________________

Tengo la sensación de que ______________________________
Cuando tú ______________________________
Me gustaría que ______________________________

Tengo la sensación de que ______________________________
Cuando tú ______________________________
Me gustaría que ______________________________

Tengo la sensación de que ______________________________
Cuando tú ______________________________
Me gustaría que ______________________________

Tengo la sensación de que ______________________________
Cuando tú ______________________________
Me gustaría que ______________________________

Tengo la sensación de que ______________________________
Cuando tú ______________________________
Me gustaría que ______________________________

Tengo la sensación de que ______________________________
Cuando tú ______________________________
Me gustaría que ______________________________

¿CUÁL ES TU ESTILO COMUNICATIVO?

Recuerda:

- **Agresivo.** El estilo de comunicación agresivo acostumbra a ser excesivamente duro. Suele ser el estilo por defecto de las personas con límites rígidos. Los comunicadores agresivos tienden a interrumpir a los demás, a desestimar las opiniones ajenas y a reforzar de manera continua su propia visión del mundo y lo que ellos consideran correcto. El metamensaje de los comunicadores agresivos es «Yo soy auténtico y tú un *wannabe*».
- **Pasivo.** El estilo de comunicación pasivo suele ser ineficiente a la hora de ayudar a la gente a protegerse y mantenerse firme, así que no es de extrañar que sea la estrategia comunicativa por excelencia de las personas con límites permeables. Los co-

municadores pasivos no suelen contar a los demás lo que quieren o necesitan, y dicen que todo va bien cuando en realidad va catastróficamente mal. Los comunicadores pasivos tienden a dejar que los demás decidan por ellos y a ensalzarlos, y, sin embargo, echan pestes de sí mismos. No estamos hablando de dejar que alguien a quien conoces y en quien confías te ayude a tomar mejores decisiones durante una crisis. Los comunicadores pasivos tienen la sensación de no poder abogar nunca de verdad por lo que les parece adecuado. El metamensaje de los comunicadores pasivos es: «Soy un desastre, pero tú eres supergenial, así que dejaré que tomes decisiones por los dos».

- **Asertivo.** El estilo de comunicación asertivo es el punto medio perfecto en la mayoría de los casos (a menos que te encuentres en una situación en la que tu seguridad peligre y esté justificado que actúes con agresividad o pasividad) y suele ser el sello distintivo de la gente con límites flexibles. Los comunicadores asertivos mantienen su sistema de valores en todo momento, hablan y actúan con congruencia, y respetan los distintos puntos de vista. El metamensaje de los comunicadores asertivos es: «Yo soy genial y tú también lo eres. Incluso aunque no estemos de acuerdo».

¿Qué estilo de comunicación sueles utilizar normalmente? ¿Varía según las circunstancias o las personas?

¿Qué mensajes has interiorizado sobre tu derecho a comunicarte de manera sana y reclamar tus valores y creencias?

En caso de que te comuniques de manera diferente según las circunstancias o las personas, ¿qué aspecto concreto de esa relación es el que te impulsa a cambiar?

¿Tu estilo de comunicación actual se parece al equilibrio ideal que te gustaría tener?

¿Qué es lo primero que podrías cambiar en tu estilo de comunicación para acercarte más a tu ideal? ¿Cómo lo harías?

DETERMINA TU ESTILO DE COMUNICACIÓN

Todo el mundo hace una cosita llamada *alternancia de código*. Es decir, que cuando hablo con mis compañeros de la tribu Choctaw me expreso con la jerga de la reserva, pero si la situación lo requiere, puedo utilizar un vocabulario profesional y académico. Sin embargo, además de cambiar las palabras que utilizamos según la situación, también cambiamos nuestro estilo de comunicación. No tiene nada de malo que lo hagamos, pero debemos tenerlo en cuenta porque solemos adaptar el estilo de comunicación según nuestras experiencias pasadas, y esto no siempre resulta útil en la situación comunicativa en la que nos encontramos.

Reflexiona sobre las distintas personas y situaciones de tu vida cotidiana.

¿Cómo te comunicas en cada caso?

SITUACIÓN/ PERSONA	MI ESTILO DE COMUNICACIÓN	EJEMPLO

¿Se te ocurre algún área en la que tu estilo de comunicación no te esté ayudando a satisfacer tus necesidades y a respetar tus límites?

¿Qué tendría que cambiar?

LA RESPUESTA DE LAS CUATRO C

Una herramienta muy útil en estas situaciones es combinar la respuesta de las cuatro C (*conciso*, *clarificador*, *cordial*, *cortante*) y recordar lo que debes evitar DAR (disculpas, amonestaciones y recomendaciones). Estas herramientas están promocionadas por el High Conflict Institute de Bill Eddy y se las enseño asiduamente a mis pacientes. Son ideales para lidiar con situaciones conflictivas o con una gran carga emocional.

Si te encuentras en mitad del proceso de establecer y mantener límites con alguien por primera vez, sin duda, sentirás una gran carga emocional porque será algo extraño, incómodo y nuevo para todos los involucrados. Tener una receta a la cual recurrir te resultará de gran ayuda. Pruébala (y añádele una pizca de ajo si te gustan las emociones fuertes).

- **Conciso.** No proporciones información de más. No des demasiadas explicaciones. Cuanto más escribas o digas, más armas le darás a la persona afectada, ¿okey? Pongamos, por ejemplo, que te llegó una notificación de tu jefa acusándote de haber robado las llaves del contenedor de la basura. En vez de escribir una respuesta de ocho párrafos para defenderte, intenta contestar de manera concisa y fáctica: «El jueves pasado terminé mi turno dos horas antes de cerrar, así que aquel día no saqué la basura. Por lo tanto, no toqué las llaves».
- **Clarificador.** No te centres en la falsedad de las declaraciones de tu interlocutor, sino en la rigurosidad de las tuyas. No le hables con sarcasmo a tu interlocutor, no lo menosprecies, no hagas comentarios negativos sobre su personalidad ni sus decisiones éticas, etcétera. Recuerda que estás intentando apaciguar el conflicto, no competir para ver quién es más imbécil en esta situación. Siguiendo con el mismo ejemplo anterior, podrías añadir la siguiente información: «Acabo de revisar el calendario de turnos para refrescar mi memoria y, efectivamente, aquel día no cerré yo, sino Xander».
- **Cordial.** Ya sé que no es muy justo tener que ser amable con alguien que te está tratando de la chingada. Pero la peor manera de salir indemne de un conflicto es contrarrestando la hostilidad con hostilidad. Tampoco te estoy diciendo que finjas ser su alma gemela... Solo que seas cortés. Eso aumen-

tará la probabilidad de que obtengas una respuesta neutral o incluso positiva. Retomando el ejemplo del conflicto en el trabajo, podrías decir algo como «¡Hola, Sarah! El jueves pasado me tocó turno con Xander, pero yo me fui antes porque no había muchos clientes, así que se encargó él solo de cerrar el local. No tengo ni idea de qué pasó con las llaves del contenedor».

- **Cortante.** Sé cortante, pero sin intimidar. No hagas ningún comentario que pueda dar pie a seguir la conversación («No dudes en contactar de nuevo conmigo en caso de tener alguna otra duda» o «Espero que coincidas conmigo en que...»). Volviendo de nuevo a Xander, el ladrón de llaves, podrías terminar diciendo: «Ojalá pudiera ayudarte, pero seguro que Xander lo hará». Tienes que pensar como Forrest Gump, cuando dice: «Y es lo único que tengo que decir sobre esto». Si necesitas que tu interlocutor tome una decisión y no puedes terminar la discusión sin más, otra manera de ser cortante es ofrecerle dos opciones para no seguir discutiendo eternamente.

Si la conversación continúa después de que hayas respondido con las cuatro C, puedes optar por ignorarla o repetir tus respuestas como si fueras un disco rayado, manteniendo las mismas palabras clave y dando incluso menos información hasta que tu interlocutor se dé por vencido.

Otro de los trucos de Bill Eddy para reforzar las respuestas de las cuatro C es evitar DAR (disculpas, amonestaciones y recomendaciones). Así que vamos a echarles un vistazo:

- **Disculpa.** Las disculpas sinceras son fantásticas. Pero cuando todo el mundo está exaltado, no es momento de darlas. Si nos disculpamos, podríamos dar motivos a nuestro interlocutor para que nos eche la culpa y alargaríamos la conversación. Si dijeras «Lamento no saber qué pasó con las llaves», podrías provocar que Sarah te siguiera culpando, porque en su cabeza serías el responsable de lo ocurrido. Una *disculpa social* mucho más insípida puede resultarte útil para calmar la situación si es que quieres añadir algo más. La frase «Me hace sentir mal que debas estar lidiando con una situación tan frustrante, además de todo lo que ya tienes entre manos» es una muestra de compasión y empatía que Sarah no podrá utilizar para echarte la culpa de nada y que tampoco le dará más armas en tu contra.
- **Amonestación.** Quizá sientas la tentación de hacer algún comentario corrigiendo a tu interlocutor, pero al igual que con las disculpas, ese no es el momento de hacerlo. El objetivo de las respuestas de las cuatro C consiste en apaciguar una conversación emocional y ponerle fin al menos por el momento. Por lo tanto, evita decir algo a tu interlocutor que pueda sonar a que le estás explicando su propio comportamiento como si fuera un

niño travieso. Volviendo al ejemplo de Sarah la encargada, imagínate cómo seguiría la conversación si dijeras: «Si fueras una buena encargada, habrías echado un vistazo a los turnos del jueves, antes de encabronarte y venir a acusarme por robar las llaves».

- **Recomendación.** No es muy aconsejable que recomiendes a nadie cómo lidiar consigo mismo o con la situación que lo puso de nervios; lo más seguro es que ya está lo bastante enojado y no conseguirás nada. Desde luego, te aseguro que cuando estoy encabronada, no quiero escuchar recomendaciones, y esta es una respuesta bastante universal. Fíjate en cómo, en vez de decirle a Sarah que revise a qué hora me fui, le dije: «Acabo de revisar el calendario de turnos para confirmar que...», evitando así recomendarle cómo debería hacer su trabajo. Seguro que cuando se tranquilice, se dará cuenta de que debió haber ojeado el calendario de turnos antes de empezar a lanzar acusaciones sin ton ni son. Así que no pasa nada.

Para practicar estas técnicas, finge una conversación difícil con un amigo (puedes inventártela). Si estás haciendo estos ejercicios en grupo, sepárense por parejas y túrnense. Si estás utilizando este cuaderno de ejercicios para analizar tu estilo de comunicación, rescata algún correo electrónico, mensaje privado o mensaje de texto antiguo que te haya orillado a establecer límites con aquel interlocutor en concreto.

Después de revisar la conversación en cuestión, ¿dirías que respondiste con las cuatro C? ¿Y evitaste DAR? Si no usaste todas las técnicas, no te preocupes. Utiliza el espacio de abajo para escribir posibles respuestas alternativas con las técnicas que no usaste.

Sí, sé que parece raro y una tontería, pero si creas una nueva vía de comunicación en tu cerebro, te resultará mucho más fácil acceder a ella cuando debas lidiar con un humano molesto y prepotente en un futuro.

- O Conciso
- O Clarificador
- O Cordial
- O Cortante
- O Ninguna disculpa
- O Ninguna amonestación
- O Ninguna recomendación

Reflexiona sobre cómo habrías podido utilizar las técnicas que no llegaste a usar:

____

____

____

____

____

____

____

____

____

CUARTA PARTE
RESPETAR LOS LÍMITES DE LOS DEMÁS

Voy a contarte una historia real. Una amiga mía tiene a su sobrina en casa durante todo el verano, por lo que tengo el honor de poder ver con cierta regularidad a esta maravillosa minihumana. Hace un par de veranos, cuando ambas tocaron mi puerta, me agaché con intención de saludarla (porque, ¡oye, hacía un año entero que no la veía y la extrañaba!). Y me rehuyó. ¡Carajo, me sentí muy mal! Me arrodillé y le dije: «Gracias por hacerme saber con tu cuerpo que no querías que te abrazara. Fue muy grosero de mi parte dar por sentado que podía abrazarte sin preguntarte primero. Te prometo que en esta casa nadie te abrazará sin tu permiso y que siempre podrás avisarnos cuando algo no te guste». La pequeña asintió con la cabeza y se puso a inspeccionar la casa en busca de juguetes y polos. Cuando se fueron, se me lanzó encima para abrazarme y me preguntó si quería comer un helado con ella el fin de semana. Así que todo arreglado.

Nunca he olvidado aquella lección, y espero que ella jamás olvide que tiene autonomía corporal.

A ver, de la misma manera que todos hemos tenido nuestros problemas expresando y defendiendo nuestros límites, todos hemos tenido problemas a la hora de respetar los límites de los demás. Para muestra un botón: intenté abrazar a una niña que no me había visto en un año, y eso no está chido. No lo he vuelto a hacer nunca más, lo que demuestra que, cuando prestamos atención a estos patrones, acabamos cambiándolos. Así pues, como nunca he conocido a nadie que fuera perfecto desde el nacimiento, esto es lo máximo a lo que los humanos podemos aspirar.

AUTOEVALUACIÓN DE TU RESPETO POR LOS LÍMITES

En general, ¿las personas responden de manera positiva ante ti? ¿Te han verbalizado que se sienten cómodas compartiendo cosas contigo? ¿Las escuchas sin juzgarlas?

____

____

____

____

____

¿Tienes personas en tu vida (o por lo menos una) con quien puedas intercambiar ideas y sentimientos profundos y auténticos?

____

____

____

____

____

¿Eres capaz de mantener estas relaciones durante un largo periodo de tiempo?

____

____

____

____

____

¿En qué tipo de relaciones te resulta difícil respetar los límites de los demás? ¿Depende de las personas que estén presentes? ¿O de si toman decisiones que te preocupan?

____

____

____

____

____

HACERSE RESPONSABLE

Hacerte responsable de tus acciones es un comportamiento de adulto nivel experto, especialmente en esta sociedad en la que la gente hace estupideces a diario y luego echa la culpa a la víctima, se niega a disculparse e intensifica sus ataques. Si te niegas a ser una de estas personas y, en cambio, te esfuerzas por ser un ser humano mejor, te convertirás en toda una rareza. Responsabilizarte de tus transgresiones de los límites es todo un logro, ya que es un símbolo de cómo interactúas con el resto del mundo. Además, si lo consigues, hacerte responsable de otras cosas resulta pan comido. Valen la pena el tiempo y el esfuerzo invertidos.

Enlista tres incidentes en los que tu intención fue buena, pero tu impacto resultó más bien perjudicial.

____

____

____

____

____

Cuando no estés bajoneado, haz una lista con todo lo que perdiste por culpa de un comportamiento que quieras cambiar. Si estás trabajando con un terapeuta, *coach*, padrino, etcétera, puede que te resulte beneficioso que te ayuden con esta parte.

____

____

____

____

____

Enumera algunas de las vivencias y recuerdos dañinos o dolorosos de tu pasado que todavía no hayas resuelto.

____

____

____

____

____

¿Qué comentarios o críticas te han hecho sobre tu comportamiento tanto directamente como a través de terceras personas? ¿Por qué crees que te los han hecho?

¿Cuáles de estas críticas te parecen válidas y aplicables a tu comportamiento?

¿Cuáles de estos comentarios sobre tu comportamiento no te parecen acertados y crees que son más bien asunto de los demás?

¿Qué te enseñaron sobre los límites en tu niñez? ¿Cómo influyó eso en la manera en la que ahora tratas a los demás y esperas que te traten?

___

___

___

___

___

¿Qué quieres cambiar de tu manera de comunicarte y de respetar los límites en las relaciones? Responde a esta pregunta en positivo y centrándote en tu comportamiento. Por ejemplo: «Quiero escuchar los puntos de vista de los demás sin interrumpirlos para poder comprenderlos mejor». Eso es mucho más factible que expresar: «Quiero dejar de ser un imbécil moralista».

___

___

___

___

___

¿Por qué quieres mejorar? ¿Por qué este cambio se ha convertido en una prioridad personal?

___

___

___

___

___

¿Qué mejoras esperas que estos cambios aporten a tu vida?

¿Qué mejoras esperas que estos cambios aporten a la vida de las personas que te importan?

¿Cómo esperas que estos cambios impacten en tus relaciones futuras?

¿Crees que alguna persona de tu vida se verá afectada de manera negativa por este cambio? Recuerda que cualquier cambio que se haga en un sistema lo afecta en su totalidad. Incluso los cambios positivos pueden provocar que otros se desequilibren. Por ejemplo, si dejas de beber en exceso, impedirás que otra persona adopte el papel de salvadora y facilitadora. También es posible que ese papel sea su manera de no tener que trabajar en sus propias pendejadas y, por ende, reaccione negativamente a tu cambio.

____

____

____

____

____

¿Cuál crees que sería un plazo o un objetivo razonable para lograr ese cambio?

____

____

____

____

____

¿Cuánto tiempo tendrás que dedicar a la semana a trabajar en ese cambio para que se convierta en una realidad? ¿Qué acciones concretas llevarás a cabo? ¿Dónde las incluirás dentro de tu horario?

____

____

____

____

____

¿Qué tipo de ayuda necesitas para conseguir este cambio? ¿Con quién puedes contar para que te proporcione esta ayuda y comprenda tus motivos?

¿Dónde puedes aprender sobre los métodos que han utilizado otras personas para superar este problema? ¿Puedes contactar directamente con ellas?

¿Cómo actuarás de ahora en adelante? ¿Qué pasos seguirás?

Haz una lista de todas tus necesidades.

Haz una lista de tus valores (échale un vistazo a la lista de valores que encontrarás en la primera parte de este cuaderno de actividades).

____

____

____

____

____

¿Qué pasos puedes dar para acercarte a esos valores?

____

____

____

____

____

REGISTRO DE PROGRESO

Semana del _ _/_ _ al _ _/_ _

Enlista tres cosas por las que estés agradecido.

____

____

¿Quién te está impidiendo alcanzar tu objetivo? ¿Quién te está ayudando?

____

____

¿Has caído en una espiral de sentir vergüenza y juzgarte a ti mismo?

____

____

¿Qué te está saliendo bien?

____

____

¿Qué te está costando?

____

____

¿Con quién te sientes capaz de disculparte? ¿Por qué?

____

____

¿Qué puedes hacer para reparar el daño que le causaste a esa persona y recuperar su confianza?

___

___

¿Cómo puedes medir los cambios a largo plazo según vayas progresando?

___

___

Analiza, repite y ponte a prueba cada día.

REGISTRO DE PROGRESO

Semana del _ _/_ _ al _ _/_ _

☆ ☆ ☆ ☆ ☆

Enlista tres cosas por las que estés agradecido.

____

____

¿Quién te está impidiendo alcanzar tu objetivo? ¿Quién te está ayudando?

____

____

¿Has caído en una espiral de sentir vergüenza y juzgarte a ti mismo?

____

____

¿Qué te está saliendo bien?

____

____

¿Qué te está costando?

____

____

¿Con quién te sientes capaz de disculparte? ¿Por qué?

____

____

¿Qué puedes hacer para reparar el daño que le causaste a esa persona y recuperar su confianza?

___

___

¿Cómo puedes medir los cambios a largo plazo según vayas progresando?

___

___

Analiza, repite y ponte a prueba cada día.

REGISTRO DE PROGRESO

Semana del _ _/_ _ al _ _/_ _

☆ ☆ ☆ ☆ ☆

Enlista tres cosas por las que estés agradecido.

____

____

¿Quién te está impidiendo alcanzar tu objetivo? ¿Quién te está ayudando?

____

____

¿Has caído en una espiral de sentir vergüenza y juzgarte a ti mismo?

____

____

¿Qué te está saliendo bien?

____

____

¿Qué te está costando?

____

____

¿Con quién te sientes capaz de disculparte? ¿Por qué?

____

____

¿Qué puedes hacer para reparar el daño que le causaste a esa persona y recuperar su confianza?

____

____

¿Cómo puedes medir los cambios a largo plazo según vayas progresando?

____

____

Analiza, repite y ponte a prueba cada día.

REGISTRO DE PROGRESO

Semana del _ _/_ _ al _ _/_ _

Enlista tres cosas por las que estés agradecido.

¿Quién te está impidiendo alcanzar tu objetivo? ¿Quién te está ayudando?

¿Has caído en una espiral de sentir vergüenza y juzgarte a ti mismo?

¿Qué te está saliendo bien?

¿Qué te está costando?

¿Con quién te sientes capaz de disculparte? ¿Por qué?

¿Qué puedes hacer para reparar el daño que le causaste a esa persona y recuperar su confianza?

____

____

¿Cómo puedes medir los cambios a largo plazo según vayas progresando?

____

____

Analiza, repite y ponte a prueba cada día.

GESTIONAR EL NO

A nadie le gusta que le digan que no, que te digan que no es una mierda. Cuando oímos esta palabra, nuestro niño interior se pone a gritar y patalear, además de responder soltando mensajes sociales tóxicos. Sin embargo, la palabra *no* (u otros términos o acciones que transmitan la misma idea) es la herramienta principal de la que disponemos para expresar nuestros límites. ¿Y si empezáramos a prestar atención a los mensajes con la palabra *no* de manera consciente y lidiáramos con las negativas como adultos chingones? Te dejo algunas estrategias que podrían ayudarte:

- **Sé compasivo cuando prestes atención a tus sentimientos.** Si nos guardamos nuestros sentimientos, acabaremos explotando al cabo de un tiempo, igual que una bolsa de basura demasiado llena. No pasa nada por pensar «Vaya, esto me dolió… Me hacía mucha ilusión».

- **Pon el *no* donde le corresponde.** Normalmente, cuando una persona te dice que no, está rechazando tu oferta, no a ti como persona. Rara vez te encontrarás con alguien que te diga que no tienes ninguna característica buena ni deseable y que eres un desecho humano. Puede que nuestros demonios interiores nos lo digan cuando alguien rechaza una de nuestras propuestas, pero es una tremenda idiotez. Hay un montón de buenas personas con las que no quiero trabajar ni salir de fiesta. Estoy segura de que a ti te ocurre lo mismo… Es importante que recuerdes que los demás pueden pensar eso mismo de ti y que no tienes que buscarle tres pies al gato.
- **Identifica el límite que rozaste y aprende de la experiencia.** Si una persona te dice que no, significa que está estableciendo un límite. Eso puede proporcionarte mucha información sobre ella y sobre su relación. De esto trata este libro, ¿a que sí? De identificar, comunicar y respetar los límites. «No» es la palabra que nos muestra dónde están los límites.
- **Comunica que lo entendiste.** No insistas ni intentes convencer a tu interlocutor. No pongas mala cara. Simplemente di: «Qué pena, pero lo entiendo; sin rencor».

En la página siguiente encontrarás un espacio para reflexionar sobre situaciones pasadas en las que no reaccionaste muy bien ante un *no* (ya fuera verbal o no verbal) y pensar en cómo actuarías ahora que conoces todas estas estrategias si te encontraras en una situación similar.

Una situación en la que me arrepiento de cómo reaccioné cuando me dijeron que no	Cómo actuaría ahora en una situación similar

PLANTILLA DE DISCULPA

¿Alguna vez has dicho o hecho algo que te haya sabido supermal y, cuando has intentado disculparte, la has cagado a lo grande? Puede que sintieras incomprensión y te pusieras a la defensiva. Incluso puede que estuvieras tan incómodo que te quedaras sin palabras. A mí me han pasado ambas cosas.

Disculparse como es debido requiere práctica. La buena noticia es que los humanos la cagamos tanto que tenemos muchas oportunidades para practicar. Te dejo una técnica para que la utilices la próxima vez que quieras disculparte (o para desahogarte cuando consideres que no es adecuado que te disculpes directamente con la persona agraviada):

1. Repasa lo que la persona en cuestión te ha dicho o mostrado sobre tus acciones y sus emociones para asegurarte de que lo comprendiste bien.
2. Tómate un momento para recordar que lo que te está diciendo no es un ataque, sino una señal de que confía en ti y en su relación.
3. Admite el impacto dañino que tus palabras o acciones hayan podido causarle.
4. Dale las gracias por haber sido lo bastante valiente y vulnerable como para explicarte cómo se sintió y darte la oportunidad de reflexionar, responsabilizarte y cambiar.
5. Pide disculpas de manera directa y concisa asumiendo tu responsabilidad (puedes decir: «Siento haber dicho/hecho...», no «Siento que hayas sentido/percibido/creído...»).
6. Pregúntale si necesita que digas o hagas algo más, ya sea en ese momento o en un futuro.
7. Dale las gracias por darte la oportunidad de disculparte.
8. Acepta su reacción a tu disculpa, sea cual sea.
9. Haz cambios positivos en tus interacciones futuras. Así, la próxima vez no volverás a cagarla en lo mismo.

Incidente por el que te gustaría disculparte:

Repasa:

Tómate un momento:

Admite:

Da las gracias:

Pide disculpas:

Pregunta:

Da las gracias de nuevo:

Acepta:

Haz cambios positivos:

Incidente por el que te gustaría disculparte:

Repasa:

Tómate un momento:

Admite:

Da las gracias:

Pide disculpas:

Pregunta:

Da las gracias de nuevo:

Acepta:

Haz cambios positivos:

Incidente por el que te gustaría disculparte:

Repasa:

Tómate un momento:

Admite:

Da las gracias:

Pide disculpas:

Pregunta:

Da las gracias de nuevo:

Acepta:

Haz cambios positivos:

Incidente por el que te gustaría disculparte:

Repasa:

Tómate un momento:

Admite:

Da las gracias:

Pide disculpas:

Pregunta:

Da las gracias de nuevo:

Acepta:

Haz cambios positivos:

Incidente por el que te gustaría disculparte:

Repasa:

Tómate un momento:

Admite:

Da las gracias:

Pide disculpas:

Pregunta:

Da las gracias de nuevo:

Acepta:

Haz cambios positivos:

Incidente por el que te gustaría disculparte:

Repasa:

Tómate un momento:

Admite:

Da las gracias:

Pide disculpas:

Pregunta:

Da las gracias de nuevo:

Acepta:

Haz cambios positivos:

QUINTA PARTE
EJERCICIOS GRUPALES

Así que quieres hacer ejercicios grupales sobre los límites... ¡Bien por ti, agente del cambio! Tanto si vas a impartir un taller sobre límites y consentimiento (cosa que me encanta hacer) como si estás intentando cambiar la cultura de un grupo existente que se dedica a hacer cosas estupendas, esta sección te será de gran ayuda. Contiene distintos ejercicios grupales que podrás usar tal cual están o adaptar según las circunstancias (¡si haces algo padre con ellos, me encantaría que me lo contaras!).

Encontrarás ejemplos de reglas grupales y normas centradas en la autonomía y el consentimiento, además de algunos consejos sobre cómo comunicarlas de manera eficiente y cómo actuar en caso de que se produzcan transgresiones y malentendidos. Tener que crear estas directrices y procedimientos desde cero puede ser complicado, así que espero que esto te ayude a ti y a tu grupo como punto de partida.

Esto de la responsabilidad grupal es difícil. Es muy fácil que todo se tuerza cuando una persona o un grupo quedan señalados como abusadores y son condenados al ostracismo. Estas reacciones ayudan a que cualquiera que no sea el abusador en cuestión o un miembro de ese grupo se sienta mejor, pero no crea ningún cambio cultural.

Las verdaderas conversaciones en comunidad están diseñadas para crear un cambio sistémico, para educarnos en las materias que no forman parte de la educación formal. La educación sobre límites y consentimiento es un área que no ha formado parte del discurso habitual ni en los hogares ni en las escuelas en los que nos hemos criado, ¿verdad? Todos hemos cometido errores en estos ámbitos debido a nuestra formación y a nuestras experiencias previas. El verdadero cambio empieza por interiorizar que solo podemos hacerlo mejor si nos damos cuenta de qué es hacerlo mejor. Tenemos que detenernos, escuchar, hablar y aprender para ir creciendo a partir de ahí.

Tal vez estés en la sala de tu casa pensando «¿En serio hay gente que se junta para hacer estas mamadas?». Pues sí. Yo misma he formado parte de algunos grupos y he gestionado muchos más. Los límites y el consentimiento pueden (y deberían) formar parte de todas las conversaciones grupales, ya sea en terapias de grupo, en clubes de lectura o en reuniones colectivas radicales.

Si no formas parte de ningún grupo, pero te agrada la idea de organizar una plática sobre los límites y el consentimiento, planificarlo te resultará menos difícil de lo que crees. Puede que los centros cívicos, culturales… o las iglesias (lo sé… Pero déjame decirte que algunos de mis amigos son párrocos radicales bastante alivianados que luchan contra el racismo, protegen a las infancias trans y conspiran para derrocar al Gobierno… Me siento como un pez en el agua en las iglesias abiertas a todas las razas y a las personas *queer*) de tu zona estén interesados en la idea. También puedes planear una reunión en Meetup: publica un evento en redes sociales, encuentra un bar con una salita privada, un centro de meditación o un estudio de yoga que te preste el espacio fuera de horario, y organízalo tú.

NORMAS GRUPALES PARA LAS CONVERSACIONES EN COMUNIDAD

Así que quieres organizar un taller sobre límites o consentimiento, una plática o cualquier otro tipo de conversación en comunidad… ¡Eres la onda!

Este tipo de conversaciones pueden tener muchos beneficios, pero también muchos inconvenientes. He visto más de una fracasar estrepitosamente y seguramente tú también. Ser proactivo desde el principio y tener unas normas y una estructura clara que te ayuden a alcanzar tus metas puede resultar de gran ayuda. Si quieres organizar una plática, empieza estableciendo unas normas básicas y dejando bien claras tus expectativas para que la verdadera vulnerabilidad de este trabajo salga a relucir y se produzca algún cambio.

Ejemplos de normas:

- Hablar en primera persona («Tengo la sensación de que...», en vez de «Me has hecho sentir que...»).
- Hablar desde nuestra experiencia personal en vez de la de los demás, excepto si te lo piden de forma expresa y específica («Mi amigo no pudo venir esta noche, pero me pidió que les lea este texto sobre su experiencia en voz alta»).
- Solo se podrá hablar durante determinados minutos para que todo el mundo tenga oportunidad de participar. Las personas que quieran hablar tendrán que apuntar su nombre en el pizarrón (o hablar por turnos).
- Quienes no quieran hablar podrán decir «paso» o negar con la cabeza cuando sea su turno o les hagan alguna pregunta. Otra alternativa es colocar las sillas de tal forma que las personas que no quieran hablar se sienten en una zona específica.
- No es obligatorio participar en los ejercicios que requieran hablar sobre experiencias personales.
- No es obligatorio compartir en voz alta ningún ejercicio que se escriba en papel (un diario, una actividad... Por ejemplo, cualquiera de las actividades de este libro).

EL CÍRCULO DE DIÁLOGO

Los círculos de diálogo son una manera fantástica de compartir experiencias. No pretenden enseñar ninguna habilidad específica ni proporcionar estructura a ningún programa. Sin embargo, puede ser un buen comienzo para ir en esa dirección, ya que este ejercicio crea un espacio para hablar de nuestras experiencias sin que nadie las refute ni las critique, y además nos permite profundizar en ellas. Los círculos de diálogo son una estrategia de comunicación de los nativos americanos... Puedes encontrar un montón de información en internet sobre cómo hacer un círculo de diálogo. En mi caso, utilicé el esquema general que mi colega Michael Garrett esbozó a partir de su experiencia como miembro de la Nación Cherokee (Eastern Band).

Un pequeño apunte: empecé a utilizar esta y otras técnicas indígenas en los años que estuve trabajando en salud mental comunitaria, y todas las personas que participaron en mis grupos, no solo las de ascendencia indígena, me siguieron cuando cambié de trabajo. Ahora bien, el momento en que supe por primera vez que algo había cambiado de verdad fue cuando un compañero de trabajo me sustituyó en una de mis sesiones y me contó que los miembros del grupo habían tomado las riendas, habían organizado su propio círculo de diálogo y le habían dicho que observara y aprendiera.

Los círculos de diálogo se han extendido a otras culturas precisamente porque son una manera muy eficaz de estructurar un diálogo grupal a través del poder de compartir experiencias.

Utilizar la técnica del círculo de diálogo no es una práctica inapropiada como, por ejemplo, ponerse un tocado indígena en un concierto porque las plumas son bonitas (no hace falta que explique por qué esto está mal visto, ¿verdad?). Pero sí creo que es bueno reconocer las raíces de esta práctica. Cualquier cosa que haya sobrevivido al borrado colonialista y que ahora esté ayudando a sanar a la sociedad merece un agradecimiento intencional, ¿no?

1. Escoge un tema para discutir. Si quieres utilizar un círculo de diálogo para entablar nuevos debates sobre el consentimiento en un espacio comunitario, puedes usar eso mismo como tema. También podrías referenciar ideas que hayan surgido previamente en el grupo sobre el consentimiento, experiencias relacionadas con transgresiones de los límites, etcétera.

2. Elige un objeto que los miembros del grupo puedan irse pasando para indicar a quién le toca hablar. Solo podrá hablar la persona que tenga el objeto en cuestión. Puedes utilizar una piedra, un palo, una pluma o cualquier cosa que encaje con el grupo. También hay quien opta por poner algo en el centro del grupo como punto focal, como una vela o unas flores.
3. Los participantes solo podrán hablar de su propia experiencia. Nadie podrá hacer ningún comentario (ni positivo ni negativo) sobre lo que haya dicho otra persona, ni siquiera cuando termine de hablar o cuando le toque.
4. Cualquier participante puede optar por no decir nada cuando sea su turno.
5. Si tienen tiempo, hagan más de una ronda. Personalmente, siempre me ha gustado hacer tres, porque sé por experiencia que en cada una de ellas los participantes hablan con mayor profundidad, ya sea porque otra persona dice algo que los invita a reflexionar o porque se sienten más seguros al comprobar que se respeta la norma de no hacer ningún comentario.

EJERCICIO DE ESPACIO PERSONAL

Esta es una actividad genial para aprender sobre los límites y el consentimiento sin que los participantes tengan que tocarse.

Escoge dos voluntarios y avisa de antemano que no tendrán que tocarse en ningún momento, ni siquiera para darse la mano.

Diles que se coloquen en extremos opuestos de la habitación.

Pídeles que se vayan acercando paso a paso y que se detengan cuando se sientan cómodos con su espacio personal.

Marca el lugar exacto en el que se detengan, ya sea con un trozo de cinta adhesiva, un Post-it, etcétera.

Pregúntales si ese es el punto en el que realmente empezaron a sentirse incómodos por la proximidad del otro o si fue antes.

Pídeles que se coloquen en el punto en el que realmente habrían querido detenerse y márcalo también.

Deja que expresen los pensamientos, sentimientos y sensaciones físicas que sintieron y el motivo que los forzó a seguir avanzando. ¿Por qué no se detuvieron en la primera marca? ¿Qué provocó que finalmente se detuvieran?

CLPB

A lo largo del libro ya hablamos más en profundidad de la técnica CLPB. En resumen, se trata de un concepto que Sarah Mirk explica en su libro *Sex from Scratch* [Sexo desde cero] y que aprendió de un empresario de tecnología llamado Matthew. Puedes practicar esta técnica por tu cuenta o en grupo.

Si quieres usar esta técnica en grupo, explica a los demás miembros en qué consiste CLPB y luego continúen con las actividades habituales o elijan un tema en concreto para ponerla en práctica de manera consciente. Pide a todos los miembros del grupo que utilicen esta técnica durante 15-20 minutos. Luego, hablen de lo que todo el mundo sintió mientras la usaba. ¿Qué notaron sobre ustedes mismos? ¿Y sobre los demás? ¿Seguir las instrucciones resultó peor de lo que esperaban? ¿Qué oportunidades de crecimiento personal habéis descubrieron?

Recuerda, las siglas CLPB significan:

- **Comparte el tiempo.** Divide la cantidad de tiempo que tienes para una interacción (pongamos que una hora) entre el número de personas que participarán en ella (pongamos que seis) y luego asegúrate de no hablar más tiempo del que te corresponda (en este caso, diez minutos).
- **Lee entre líneas.** Escucha de verdad a los demás... No solo lo que están diciendo, sino también el trasfondo de sus palabras. ¿Qué se esconde detrás de ellas?
- **Párate unos segundos.** Deja que los demás continúen hablando o se sumen a la conversación antes de empezar a hablar. Cuando se haga un silencio, espera unos cuantos segundos antes de aportar tu contribución verbal.
- **Basta con aceptarlo.** Este punto me encanta. El objetivo de la escucha activa es ayudarnos a comprender mejor a los demás, ¿verdad? Sin embargo, no siempre conseguimos hacerlo. Todos hemos vivido un momento en el que hemos pensado «Pero qué chingados...» al oír la visión del mundo de otra persona. No pasa nada por aceptarlo sin más, a pesar de no entenderlo. De hecho, puede que, si dejas reposar lo que sea que haya dicho, acabes teniendo un momento eureka.

LOS DIEZ MANDAMIENTOS DEL CONSENTIMIENTO

El consentimiento proporciona un contexto seguro para las interacciones grupales. Para quienes tenemos historias traumáticas, tener un contexto seguro puede ser una experiencia sanadora. Y, además, pero no por ello menos importante, nos permite experimentar nuestro deseo sexual de manera positiva. ¡Lo ideal es que no tengan que convencerte, sino que quieras decir que sí!

Estos diez mandamientos surgen de una clase que impartí hace años a profesionales de la salud que trabajaban con adolescentes. Hicimos varios ejercicios grupales como los que encontrarás en esta sección del libro. Si quieres, puedes presentar estos mandamientos en tus grupos como un conjunto de normas o como un punto de partida para debatir.

1. Las personas ebrias no pueden dar su consentimiento para tener relaciones sexuales (ni para hacer nada de lo que les pidas). Tampoco las que están bajo los efectos de las drogas. Ni las que hayan consumido medicamentos fuertes. Las personas afectadas por este tipo de sustancias ya hacen suficientes estupideces, por ejemplo, comerse la oferta de cinco tacos por treinta pesos. Así que no añadas nada que pueda tener consecuencias graves a largo plazo a su lista de cosas de las cuales arrepentirse.
2. Estar atravesando un periodo emocionalmente complicado puede afectar tu proceso de toma de decisiones igual de negativamente que si estuvieras borracho. Si alguien está estresado o tiene mucho con lo cual lidiar, puede que busque consuelo y conexión, y muchas veces esto lo relacionamos con sexo. Si crees que una persona no está tomando una buena decisión, deja el sexo de lado y apóyala de otras maneras que no la avergüencen dentro de una semana.
3. El consentimiento no es inalterable. Acceder a hacer algo en un momento determinado no significa hacerlo para siempre. Por ejemplo, si la semana pasada te presté mi auto y me lo devolviste con el depósito vacío, y lleno de vasos de Starbucks y envolturas de caramelos, puede que ahora no quiera volver a prestártelo. Además, aunque me lo devolvieras en perfectas condiciones, estoy en mi derecho de no querer volver a hacerlo. En cual-

quier caso, sigue siendo mi auto, no el tuyo. No puedes entrar a mi casa, tomar las llaves y marcharte con mi auto solo porque lo hiciste la semana pasada. Si te lo llevaras sin mi consentimiento, estaríamos ante una situación digna de *Grand Theft Auto*, ¿no?

4. Consentir en algo en concreto no implica consentir en todo. ¿Tienes a alguien desnudo delante de ti? Sin duda, es una muy buena señal, pero eso no significa que estés de acuerdo con esa persona en hacer alguna actividad sexual en concreto, ¿verdad? Dar el consentimiento para algo en concreto no significa darlo para todo. Que se involucre contigo no significa que esté de acuerdo con darte sexo oral. Y sí, que practique sexo oral no significa que esté de acuerdo con tener coito. Nuestras interacciones son como un bufet de ensaladas, no como un guisado. Que se te antojen los crutones no implica vayas a comerte el pimiento morrón, ¿entiendes?
5. El silencio no significa consentimiento. Puede que alguien no diga que no, pero que sea pasivo no quiere decir que esté diciendo que sí. Muchas veces las personas no hablan porque se asustan o porque no saben qué hacer. Podrían estar incómodas sin decir nada o disfrutando sin decir nada. Es imposible saberlo a menos que se lo preguntes.
6. El consentimiento debe ser informado. ¿Te acuestas con otras personas? Ningún problema, solo nos estamos conociendo, tampoco es como que nos va-

mos a casar mañana. ¿Tienes una infección de transmisión sexual? Esas cosas pasan. ¿Te vas a mudar dentro de una semana? Eso podría afectar un poco mis planes a futuro. Las potenciales parejas tienen que saber todas estas cuestiones y cualquier otra información que pueda condicionar su decisión de tener sexo. Tienes que ser lo bastante adulto como para afrontar las conversaciones incómodas.

7. El consentimiento es una obligación común, no solo personal. Tenemos que apoyarnos mutuamente en las zonas grises del consentimiento, intervenir cuando veamos que alguien se encuentra en una situación incómoda y respaldar su derecho a decir que no. Los amigos no dejan que sus amigos escuchen a Nickelback ni que se metan en situaciones en las que no han dado su consentimiento o no han obtenido el consentimiento de los demás implicados. Si ves que alguien se mete en una zona peligrosa mientras estás en una fiesta, sé el compinche protector. Y si el DJ pone alguna canción de Nickelback, huye de ahí.
8. Tener que convencer a alguien no es obtener su consentimiento. Está bien que no intentarías ganar un juicio ligándote a uno de los miembros del jurado. Eres genial. Lo sabes, ¿verdad? Si a la otra persona no le agradas lo suficiente o no se da cuenta de lo chingón que eres, no tienes que intentar convencerla, no merece tu genialidad. Si te dice «Buenooo, no sééé», responde con un «Okey, no

tengo tema. Ya me avisarás si cambias de opinión», y deja el sexo de lado.

9. Consentir no significa tener solamente derecho a decir que no, sino también a decir que sí. Hablar mal de alguien por tener sexo complica muchísimo el consentimiento activo y entusiasta. A muchas personas (normalmente mujeres) les cuesta consentir de manera afirmativa porque creen que si dicen que sí de manera entusiasta, las tacharán de zorras, ya que se supone que tienen que fingir no querer mantener relaciones sexuales y dejarse *convencer*. Esto manda mensajes confusos a sus parejas. ¿Cuándo se supone que deben *convencerlas*? ¿Y cuándo se supone que deben dejarlas en paz? Si todo el mundo estuviera sexualmente empoderado, nunca habría necesidad de convencer a nadie.
10. El consentimiento no solo está relacionado con el sexo, sino con los límites en general. Deberías pedir permiso a los demás antes de tocarlos por cualquier motivo (por ejemplo: «Tienes cara de necesitar un abrazo, ¿puedo?»). Además, el consentimiento va más allá de los límites físicos. Nunca deberías imponer tu voluntad a los demás. Nunca deberías compartir información, experiencias, imágenes ni nada suyo sin su permiso. Nunca deberías hacer planes por ellos sin su permiso. Nunca deberías obligarlos a compartir información contigo o con una tercera persona si se sienten incómodos haciéndolo. Da igual lo que creas que les conviene.

A menos que seas su tutor legal, tienes que dejar que tomen sus propias decisiones. Tú ocúpate de lo tuyo y deja que los demás se encarguen de sus cosas.

MODELO DE POLÍTICA DE CONSENTIMIENTO PARA GRUPOS

Este modelo de política de consentimiento para grupos se basa en el que proporciona la Coalición Nacional de la Libertad Sexual de Estados Unidos. La cultura moderna del consentimiento se originó en los colectivos BDSM (para ser más concretos, la primera política de consentimiento escrita proviene de un club de cuero para hombres homosexuales de Nueva York). Sin embargo, la responsabilidad de crear una cultura grupal que valore el consentimiento va mucho más allá de los espacios de juego sexual, y el modelo que te presentaré a continuación lo tiene en cuenta. Puedes utilizarlo como punto de partida tanto para cocrear una política de grupo como para redactar un borrador de política de consentimiento para alguna organización. Añade todo lo que te convenga y adáptalo al grupo o situación.

También es importante educar a los demás en las normas del consentimiento y designar delegados o representantes que estén disponibles para asistir en caso de que surja alguna duda o se produzca algún accidente (como una especie de supervisor del grupo).

Debo recalcar, y tú también deberías hacerlo en cualquier política de consentimiento que redactes, que estas directrices no tienen ninguna validez legal. Solo es información con fines educativos para apoyar las buenas prácticas en los espacios grupales.

- No tocar a ninguna persona, ni las cosas de nadie, sin su permiso expreso.
- Además, hay que negociar qué implicará cualquier interacción antes de que empiece.
- Asegúrate de que todas las personas con las que haya interacción estén en plenas facultades mentales y emocionales para poder consentir la interacción que quieres entablar.
- Tratar a todo el mundo con el mismo respeto.
- Asegúrate de que las interacciones verbales también sean consentidas (utiliza los pronombres correctos de cada persona. Esto también aplica para los nombres, las identidades en los juegos de rol, etcétera).
- Acordar que no se hablará impulsivamente sobre ir más allá de lo convenido, ya que, cuando hay excitación de por medio, es mucho más difícil reconocer y verbalizar los límites.

- Todo el mundo puede retirar el consentimiento en cualquier momento. Acuerden de antemano una palabra de seguridad o algún signo que todo el mundo entienda y asocie con un rotundo no.
- En caso de ser testigo de una transgresión de la política de consentimiento, hay que acudir al supervisor del grupo para que ayude a lidiar con el incidente.
- Las transgresiones de la política de consentimiento pueden resultar en la expulsión de esa persona del grupo, en no volverla a invitar o en tomar medidas legales.
- Aviso para navegantes: la organización hará todo lo que sea razonablemente posible para hacer cumplir esta política, pero no promete ni garantiza poder hacerlo. En última instancia, los participantes o asistentes son los únicos responsables de su propia seguridad y de la de las personas con las que interactúan.

LIDIAR CON INCIDENTES

Por mucho que seamos proactivos y creemos espacios afirmativos y respetuosos, la gente comete errores. A veces con intención de hacer daño; pero otras, simplemente, por una metedura de pata. Así pues, ¿qué puedes hacer cuando alguien transgrede la política de consentimiento del grupo o los límites de otro miembro?

¿Sabes lo que suele terminar siempre mal? Las sesiones grupales que se hacen para rendir cuentas. Como las llamo yo, por mis raíces sureñas, *reuniones de iluminación divina*. En los últimos años, surgió un movimiento que anima a los grupos a reunirse para hacer rendir cuentas a los miembros *descarriados* por sus comportamientos pasados. Sobre el papel no es una idea tan mala: la teoría es que cada grupo tiene unas normas culturales propias que todos los miembros se comprometen a acatar, y cuando alguien no las respeta, todos los miembros se reúnen para hablar de la transgresión y determinar si se puede enmendar.

Pero ¿cuál es la realidad? El principal problema es que las reuniones de iluminación divina suelen acabar en un revuelo de acusaciones y reproches.

¿Por qué? Porque no hemos evolucionado lo bastante como para ser inmunes al pensamiento de turba enfurecida o a la rabia individual dirigida contra una persona. Pero ¿cuál es el motivo según la neurociencia? Se trata de un concepto llamado *sesgo de correspondencia.* Cuando la cagamos nosotros, siempre lo atribuimos a la situación en cuestión (independientemente de si es una justificación razonable o no). En cambio, cuando la cagan los demás, lo atribuimos a que son personas horribles. Así es como piensa el cerebro por defecto, y hasta que no tomemos conciencia de ello y aprendamos a pensar de otra manera, siempre trataremos de manera horrible a los demás.

Dejando de lado los procesos cerebrales, lo de responsabilizarse de los actos y de las palabras de cada uno solo funciona cuando se trata de un proceso personal y se produce un diálogo interno lleno de *pero qué chingados* que cada uno debe tener consigo mismo para convertirse en mejor persona.

Eso no significa que los grupos no deberían tener sus propios límites y normas de comportamiento. Sin embargo, para asegurarnos de que se mantengan, el representante que haya sido designado por todo el grupo tendría que decir:

> Amigo mío... Tu comportamiento es inaceptable. Espero que estés dispuesto a trabajar en lo que sea que hace que te comportes así. En caso de que quieras seguir formando parte de este grupo, estaremos encantados de hablar de tus progresos y debatir si podrías reincorporarte. Ahora bien, hasta entonces, no puedes seguir participando en los eventos y actividades del grupo.

En estas conversaciones hay que hablar del comportamiento inaceptable en cuestión, sin juicios ni atribuciones. Por ejemplo:

> Este es un espacio libre de alcohol. En las últimas tres semanas, por lo menos dos veces llegaste arrastrándote por el suelo y apestando a alcohol. Cuando el otro día Marisol te pidió que te fueras porque estabas alterado, le gritaste y la llamaste *puta controladora*.

¿Notaste que no me puse a debatir sobre si esa persona estaba realmente ebria? ¿O si realmente estaba alterada y atacó verbalmente a Marisol? A eso es a lo que me refiero cuando digo que no hay que juzgar. Tenemos que remitirnos únicamente al comportamiento: te presentaste arrastrándote por el suelo y apestando a alcohol. Todo centrado en los hechos: te pusiste a gritar y dijiste tal cosa. La parte de sin atribuciones está implícita en el diálogo. Nadie le ha dicho a esa persona que sea una pendeja abusiva, una mierda de ser humano o que se pierde en el alcohol porque no tiene autocontrol. Hacerla razonar no es cosa del grupo, sino que forma parte del proceso individual de responsabilizarse de las propias palabras y acciones.

Es muy complicado hacer sesiones de responsabilización después de un incidente, ¡pero no es imposible! Sin embargo, podemos evitarlas si nos preparamos para lidiar con los problemas a medida que vayan surgiendo. Conozco muy pocas personas a las que se les dé bien. Podría contarlas fácilmente con una mano. A la gente le cuesta comunicarse incluso cuando no hay emociones intensas ni conflictos de por medio. Entonces, ¿qué se supone que tenemos que hacer cuando la situación se vuelve muy pinche hostil?

MODELO DE POLÍTICA DE INCIDENTES

Hay que tener un plan para lidiar con los incidentes en ambientes grupales ANTES de que ocurran (los llamados *procedimientos operativos estándar* en ambientes de trabajo, lo mismo, vaya). Este modelo también se basa en el de la Coalición Nacional de la Libertad Sexual (NCSF, por sus siglas en inglés) de Estados Unidos con adaptaciones de mi propia cosecha. Al igual que con el modelo de política de consentimiento que vimos hace unas páginas, puedes utilizar este modelo para cocrear una política de incidentes para un grupo. En caso de que te haya tocado crear una política de incidentes para el grupo al que perteneces, no dudes en utilizar este modelo como punto de partida.

Algunos de los puntos del *procedimiento operativo estándar* podrían ser:

1. Comprobar si hay que atender a alguien con urgencia. Llamar a emergencias. ¿La persona cuyos límites han sido transgredidos necesita atención médica inmediata (y aquí incluyo también si necesita tratamiento para una crisis de salud mental)? Organizar el traslado al hospital o al centro de salud mental, e incluso llamar a una ambulancia. ¿La persona afectada quiere denunciar? En este caso, habría que llamar a la policía. Recuerden pedir que envíen a un especialista en salud mental si está disponible en su zona y en ese turno. Pero lo primero es asegurarse de que atiendan a la persona afectada.
2. Cuando ya no quede ninguna emergencia por atender, dos supervisores o empleados deberían hablar con todas las personas involucradas (también con los testigos). Bajo ningún concepto debe juntarse todo el mundo para hablar de lo ocurrido en grupo.
3. Anotar los nombres y la información de contacto de todas las personas con las que se hable.
4. Preguntar a todos los involucrados «qué pasó» y «qué les gustaría que ocurriera a continuación».
5. Buscar consistencias e inconsistencias o discrepancias en las declaraciones que todos los implicados hayan hecho en sus conversaciones o entrevistas privadas.
6. Buscar patrones en el comportamiento de ciertas personas. ¿Suelen ocurrir incidentes similares con regularidad?

7. Fíjate en la intencionalidad. ¿Fue un accidente? ¿La persona acusada se disculpó con sinceridad o se puso a la defensiva e inventó un montón de excusas?
8. Al menos una persona del grupo debería tener suficiente capacidad de decisión como para imponer consecuencias o sanciones al culpable del incidente por lo que respecta a su permanencia en el grupo (darle un aviso, pedirle que no vuelva, etcétera). Si en algún punto surge información que requiera implicación policial, no dudes en llamar a los agentes de policía.
9. No hay que nombrar a los acusadores (aunque algunas veces su identidad será evidente). Tampoco hay que ser muy específico sobre las sanciones. Basta con decir: «Tenemos motivos para creer que violaste nuestra política de consentimiento, por lo que creemos que no encajas en este grupo».

SEXTA PARTE
IDENTIFICAR EL ABUSO

Ahora que ya estamos llegando al final de este cuaderno de actividades, vamos a enfrentarnos a una de las cosas más complicadas: identificar el abuso mediante el control coercitivo. El control coercitivo hace referencia a los patrones de comportamiento que transgreden los límites con regularidad y que infunden miedo para conseguir la conformidad de los demás. Este término lo acuñó Evan Stark, quien además lo usó como título para el libro que publicó en 2007. Su obra reveló que, si alguien transgrede nuestros límites de manera organizada y sistémica, puede llegar a crear un patrón de comportamiento que nos arrebate la libertad de decidir y la capacidad de definir nuestra propia persona.

El control coercitivo no es, simplemente, una versión más extrema del comportamiento de las personas con personalidad altamente conflictiva (de las cuales hablo ampliamente en *Respeta mis pinches límites*). Las respuestas altamente conflictivas suelen darse porque las personas perciben que sus vidas están fuera de control y creen que el conflicto es la mejor herramienta de la que disponen para recuperarlo. No cabe duda de que este tipo de comportamiento destroza los límites de los demás y que las personas empáticas pueden sentirse atacadas y manipuladas por las personalidades altamente conflictivas; pero, en cualquier caso, ese no es el objetivo de la persona que inicia el conflicto.

El control coercitivo, en cambio, es estratégico, racional y regular... No se trata de una reacción puntual en caliente. Los individuos que utilizan el control coercitivo desean los beneficios sociales y materiales que pueden llegar a obtener al destrozar la mente de otra persona para poseerla.

Pensemos que los juegos psicológicos, la degradación, el aislamiento, la intimidación, el pasar revista y el cambiar de normas constantemente no son acciones ilegales, Por lo tanto, son técnicas mucho más prácticas para retener a alguien como rehén si se compara con la violencia física. No se trata de golpear a alguien, sino de joderle la mente. Es puro terrorismo emocional: el verdadero motivo por el cual es tan difícil dejar a una pareja abusiva. Y lo que explica por qué tantos sobrevivientes de abuso sufren estrés postraumático.

LISTA DE CONTROL COERCITIVO

Los elementos de esta lista están basados en los que utilizan los investigadores para determinar si hay control coercitivo en las parejas románticas.

Cuando lees todas estas situaciones en una misma lista, resulta muy evidente que estás en una relación abusiva. Sin embargo, cuando te encuentras en una, no te das cuenta sino hasta que tomas distancia y lo ves todo con un poco de perspectiva.

Échale un vistazo a esta lista y marca todas las casillas que encajen con el comportamiento específico de la persona de tu entorno que crees que está ejerciendo control coercitivo sobre ti. Si necesitas añadir una nueva columna de casillas para otra persona, adelante. No tienes que llegar a cierto número de casillas marcadas para decir: «Sí, esto es abuso». Ahora bien, con un poco de suerte, esta lista te ayudará a empezar a ver patrones.

- Controlar o limitar tu contacto con los demás (amigos, familiares, etcétera). Por ejemplo, por teléfono, por internet o chats.
- Querer tener todas tus contraseñas y acceso a todas tus cuentas (en cambio, tú no tienes acceso a las suyas).
- Controlar tus movimientos a través de tu teléfono celular («por tu seguridad»).
- Exigir información sobre tus movimientos (dónde, cuándo y con quién irás).
- Impedirte físicamente ir a algún sitio o salir de casa (no tiene por qué haberte puesto las manos encima; basta con que te haya bloqueado la puerta, escondido las llaves, etcétera).
- Espiarte y acecharte para vigilar tus movimientos.
- Controlar la ropa, los gastos y los objetos que tienes en casa para estar al tanto de lo que haces.
- Grabar tu voz o tu imagen sin tu consentimiento e incluso amenazarte hasta que consientas.
- Preguntar a los demás por tu vida (a tus hijos, a tus familiares, a tus amigos, a tus vecinos).
- Exigir cambios en tu apariencia (que te arregles o vistas de cierta manera, o que estés dentro de un rango de peso, etcétera).
- Controlar los recursos de la casa (las cuentas bancarias, los vehículos, el salario que ganan entre los dos).
- Controlar tu acceso a la atención médica.
- Exigir intimidad sexual en general o actos sexuales en concreto (tanto con quien ejerce el control

coercitivo como con otras personas a petición suya).

- O Controlar el uso de métodos anticonceptivos o de prevención de ETS.
- O Interferir o poner en peligro tu situación legal de inmigración o ciudadanía.
- O Crearte problemas legales.
- O Atentar contra tu derecho a la vivienda. Por ejemplo, amenazar con echarte de la casa si la está pagando esa persona o romper las normas de un departamento en renta para que les anulen el contrato y los echen.
- O Controlar todas las decisiones y las tareas parentales.
- O Amenazar con hacer daño.
- O Utilizar la violencia física contra otras personas u objetos para asustarte (golpear las paredes, hacer daño a una mascota, etcétera).
- O Asustarte hasta la sumisión.
- O Amenazar con autolesionarse como venganza por tu comportamiento.
- O Autolesionarse como represalia de tu comportamiento.
- O Impedirte ir al trabajo, hacerte llegar tarde al trabajo, perturbar tu jornada laboral o conseguir que te despidan.
- O Destrozar tus cosas.
- O Destrozar cosas de tus amigos y de tus familiares.
- O Tener armas y amenazarte (de manera abierta o velada) con usarlas contra ti u otras personas.

LISTA DE BANDERAS ROJAS

Además de los comportamientos más evidentes descritos en la sección anterior, hay muchas otras maneras de ejercer el poder sobre otro ser humano. Las situaciones que encontrarás a continuación podrían ser comportamientos alarmantes al principio de una nueva relación y podrían ir intensificándose con el paso del tiempo; aunque también podrían darse en relaciones más largas e indicar la existencia de un problema de transgresión sistémica de los límites. Este tipo de comportamientos son más bien denigrantes, no necesariamente controladores, pero si los recibimos de manera continua pueden acabar desgastándonos la resistencia, igual que ocurre en las relaciones donde impera el control coercitivo.

- ○ Ser maleducado o mostrarse despectivo con tus familiares y tus amigos.

- O No querer que hagas nada con tus familiares y tus amigos si no está presente.
- O Excusar todos sus comportamientos, en vez de responsabilizarse de ellos.
- O Estar permanentemente en contacto durante todo el día.
- O Exhibir comportamientos que chocan con tu sistema de valores y esperar que los perdones porque «no es para tanto» o «solo era una broma» (por ejemplo, hacer comentarios racistas).
- O Bromear, supuestamente, sobre tu apariencia, tus pasiones, tu inteligencia, tu cultura, tu género o tu identidad.
- O Cuestionar constantemente tu visión del mundo, tus motivos, etcétera (frente a querer entenderlos mejor).
- O No apoyar ni tus valores ni tus pasiones.
- O Iniciar peleas para que te sientas obligado a hacer las paces.
- O Dar por sentado que siempre estarás pendiente de su atención o no valorar tu tiempo.
- O No admitir nunca su parte de culpa en el fin de sus relaciones anteriores.
- O Dar por sentado que te parecerá bien su comportamiento a pesar de que tú no puedas actuar igual.
- O Ser maleducado con las personas que le parecen inferiores (personal de servicio al cliente, personal de intendencia, meseros, etcétera).
- O Minimizar tus sentimientos e ignorar lo mucho que sus decisiones y comportamientos te afectan

de manera negativa (por ejemplo, acusarte de ser demasiado sensible).

- O Interpretar tu desacuerdo como una falta de comprensión o de escucha activa.
- O Cuestionar tu criterio (con frases como «¿En serio vas a ponerte eso?»).
- O Poner en duda o menospreciar tus decisiones, incluso aunque sean intrascendentes.
- O Amenazar con dejarte en ridículo.
- O Perturbar el bienestar de las personas que te importan para perjudicar tu bienestar o el de tus seres queridos.
- O Hacerte responsable de su felicidad, estabilidad y satisfacción.
- O Mostrar celos por la atención que prestas a otras personas.

LISTA DE CONTROL COERCITIVO USADA CONTRA LESBIANAS, GAYS, PLURISEXUALES, TRANSEXUALES Y PERSONAS NO BINARIAS

La lista de tácticas de control y poder que encontrarás a continuación ha sido creada por FORGE Forward, una página web estadounidense con un montón de recursos fantásticos para personas trans. Sin embargo, según mi experiencia, muchos de los puntos de la lista también pueden aplicarse a todas las relaciones en las que al menos uno de los miembros no sea heterosexual, por mucho que sea cisgénero. Te dejo la lista en cuestión con algunos puntos de mi propia cosecha basados en mi experiencia profesional y en la experiencia de mis amigos:

- Despreciar, desdeñar y faltar al respeto a tu identidad (nombres, pronombres, etcétera).
- Reírse o menospreciar estos mismos marcadores de identidad.
- Ridiculizar tu apariencia.

- Negar tu identidad (decirte que no eres un hombre, mujer o persona no binaria de verdad, etcétera).
- Utilizar términos peyorativos para referirse a tu identidad o a aspectos de tu identidad (incluso a partes de tu cuerpo).
- Decirte que nadie te querrá nunca.
- Expresar que eres una vergüenza para las comunidades o los colectivos a los que perteneces (la comunidad LGTB, tu comunidad religiosa, tu equipo de boliche, etcétera).
- Negarse a dejarte discutir asuntos concretos de tu identidad.
- Amenazar con sacarte del clóset frente a personas con las que todavía no lo has hecho.
- Valerse de las opiniones negativas de los demás para hacerte daño (por ejemplo, incitar a un religioso fundamentalista a que te salve).
- Utilizar el sistema de salud o judicial en tu contra (amenazarte con un internamiento psiquiátrico, con acciones policiales, etcétera).
- Limitarte o negarte el acceso a tratamientos médicos afirmativos (terapia, hormonas, cirugía, etcétera).
- Limitarte o negarte el acceso a objetos personales afirmativos (ropa, prótesis, etcétera).
- Fetichizar tu cuerpo.

AÑADE TUS PROPIOS RECURSOS

¿Se te ocurre algún recurso local o específico para tus necesidades (por ejemplo, una línea directa de salud mental, el teléfono de la policía para casos no urgentes, el número de atención de un terapeuta, el amigo que te dijo que podías llamar a las tres de la madrugada siempre que lo necesitaras, etcétera) que quieras tener presente? Anótalos en esta página para tenerlos siempre a la mano cuando los necesites.

- ______________________________
- ______________________________
- ______________________________
- ______________________________
- ______________________________
- ______________________________
- ______________________________

- ____________________
- ____________________
- ____________________
- ____________________
- ____________________
- ____________________
- ____________________
- ____________________
- ____________________
- ____________________
- ____________________
- ____________________
- ____________________
- ____________________
- ____________________
- ____________________
- ____________________
- ____________________
- ____________________
- ____________________
- ____________________
- ____________________
- ____________________
- ____________________
- ____________________
- ____________________
- ____________________
- ____________________
- ____________________

REFERENCIAS

ARAVIND, V. K.; KRISHNARAM, V. D.; THASNEEM, Z. «Boundary crossings and violations in clinical settings» [en línea]. *Indian J Psychol Med.* 34(1):21-24 (2012) doi:10.4103/0253-7176.96151 [Consulta: 13 de agosto de 2024].

BREIT, S.; KUPFERBERG, A.; ROGLER, G.; HASLER, G. «Vagus Nerve as Modulator of the Brain-Gut Axis in Psychiatric and Inflammatory Disorders» [en línea]. (2018). *Frontiers in psychiatry*, 9, 44. doi:10.3389/fpsyt.2018.00044 [Consulta: 13 de agosto de 2024].

BOAS, F. *Handbook of American Indian languages: Franz Boas.* Londres: Routledge/Thoemmes, 1997.

BOTTALICO, B. «Neuroscience, accountability and individual boundaries» [en línea]. *Frontiers in Human Neuroscience*, 3 (2009). doi:10.3389/neuro.09.045.2009 [Consulta: 13 de agosto de 2024].

CARLSON, K. «Consent Statement Summary» [en línea]. <https://www.ncsfreedom.org/component/k2/item/784> [Consulta: 13 de agosto de 2024].

CARLSON, K. «Consent Counts Statement» [en línea]. <https://www.ncsfreedom.org/component/k2/item/782> [Consulta: 13 de agosto de 2024].

CHAPMAN, S.; ROUTLEDGE, C. *Key thinkers in linguistics and the philosophy of language*. Edimburgo: Edinburgh University Press, 2005.

CHÖDRÖN, P.; SELL, E. H. *Comfortable with uncertainty: 108 teachings*. Boulder: Shambhala, 2018. [*Ante el miedo y la incertidumbre: 108 enseñanzas prácticas para desarrollar la compasión y la lucidez*. Traducción de Diego Merino Sancho. Madrid: Gaia Ediciones, 2019].

CHÖDRÖN, P. «How We Get Hooked By Shenpa» [en línea]. (23 de noviembre de 2018). <https://www.lionsroar.com/how-we-get-hooked-shenpa-and-how-we-get-unhooked/> [Consulta: 13 de agosto de 2024].

CRABB, C. *Learning good consent*. Portland: Microcosm Publishing, 2017.

CRITCHLEY, H. D.; HARRISON, N. A. «Visceral Influences on Brain and Behavior» [en línea]. *Neuron*, Cell Press (20 de febrero de 2013) <www.sciencedirect.com/science/article/pii/S0896627313001402> [Consulta: 13 de agosto de 2024].

DEBECKER, G. *The gift of fear*. Londres: Bloomsbury, 2000.

DUTTON, M. A.; GOODMAN, L.; SCHMIDT, R. J. «Development and Validation of a Coercive Control Measure for Intimate Partner Violence in Boston, Massachusetts and Washington, DC, 2004» [en línea]. ICPSR Data Holdings. (2008). doi:10.3886/icpsr04570 [Consulta: 13 de agosto de 2024].

Edwards, S. R.; Bradshaw, K. A.; Hinsz, V. B. «Denying Rape but Endorsing Forceful Intercourse: Exploring Differences Among Responders» [en línea]. *Violence and Gender*, 1(4), 188-193. (2014). doi:10.1089/vio.2014.0022 [Consulta: 13 de agosto de 2024].

Fontes, L. A. *Invisible chains: Overcoming coercive control in your intimate relationship*. Nueva York: Guilford Press, 2015.

FORGE Empowering. Healing. Connecting. [en línea]. <https://forge-forward.org/resource/power-and-control-tactics/> [Consulta: 13 de agosto de 2024].

FORGE. «Trans-Specific Power and Control Tactics» [en línea]. <https://vawnet.org/material/trans-specific-power-and-control-tactics> [Consulta: 13 de agosto de 2024].

«Gender Differences in Heterosexual College Students' Conceptualizations and Indicators of Sexual Consent: Implications for Contemporary Sexual Assault Prevention Education» [en línea]. <https://www.tandfonline.com/doi/full/10.1080/00224499.2013.792326?scroll=top&needAccess=true&> [Consulta: 13 de agosto de 2024].

Hatch, L. «How to Respond to Boundary Violations: Do's and Don'ts» [en línea]. (16 de enero de 2014). <https://blogs.psychcentral.com/sex-addiction/2013/12/how-to-respond-to-boundaryviolations-dos-and-donts/> [Consulta: 13 de agosto de 2024].

Hemmendinger, D. «Data compression» [en línea]. (23 de abril de 2013). <https://www.britannica.com/technology/data-compression> [Consulta: 13 de agosto de 2024].

Hunter, M. «How to Write a BIFF Response» [en línea]. (22 de junio de 2007). <https://www.highconflictinstitute.com/

free-articles/2018/1/12/how-to-write-a-biff-response> [Consulta: 13 de agosto de 2024].

Jenkins, A. *Invitations to responsibility: The therapeutic engagement of men who are violent and abusive.* Adelaida: Dulwich Centre Publications, 2001.

Kitzinger, C.; Frith, H. «Just Say No? The Use of Conversation Analysis in Developing a Feminist Perspective on Sexual Refusal» [en línea]. (1999). <https://journals.sagepub.com/doi/abs/10.1177/0957926599010003002> [Consulta: 13 de agosto de 2024].

Kennedy, L. P. «What Is Coercive Control in an Abusive Relationship?» [en línea]. <https://www.webmd.com/women/features/what-is-coercive-control#1> [Consulta: 13 de agosto de 2024].

Kinkly. «What is Rape Culture?» [en línea]. <https://www.kinkly.com/definition/14736/rape-culture> [Consulta: 13 de agosto de 2024].

Lorde, A. *Sister outsider: Essays and speeches.* Nueva York: Crossing Press, 2007.

Lovefraud. «8 ways your body warns you about sociopaths» [en línea]. (15 de mayo de 2019). <https://lovefraud.com/7-ways-your-body-warns-you-about-sociopaths/> [Consulta: 13 de agosto de 2024].

Markowsky, G. «Information theory» [en línea]. (16 de junio de 2017). <https://www.britannica.com/science/information-theory/Physiology> [Consulta: 13 de agosto de 2024].

McGuire, L. «A Short History of Sexual Consent» [en línea]. (19 de octubre de 2018). <https://www.kinkly.com/a-short-history-of-sexual-consent/2/17399> [Consulta: 13 de agosto de 2024].

Mirk, S. *Sex from scratch: Making your own relationship rules*. Portland: Microcosm Publishing, 2017.

«"Monoaminergic." Monoaminergic - an Overview» [en línea]. <www.sciencedirect.com/topics/biochemistry-genetics-and-molecular-biology/monoaminergic> [Consulta: 13 de agosto de 2024].

National Center for Transgender Equality. «U. S. Transgender Survey Report» [en línea] (2015). <https://vawnet.org/material/2015-us-transgender-survey-report> [Consulta: 13 de agosto de 2024].

National Sexual Violence Resource Center. «Get Statistics» [en línea]. <https://www.nsvrc.org/node/4737> [Consulta: 13 de agosto de 2024].

Neff, K.; Germer, C. K. *The mindful self-compassion workbook: A proven way to accept yourself, build inner strength, and thrive*. Nueva York: Guilford Press, 2018.

«New Research Explores Our Personal Sense of Space» [en línea]. *Monitor on Psychology*, American Psychological Association (Diciembre de 2009). <www.apa.org/monitor/2009/12/space> [Consulta: 13 de agosto de 2024].

NG, W. K. *et al.* «Lossless and Lossy Data Compression» [en línea]. *Evolutionary Algorithms in Engineering Applications*, pp. 173-188. (1997). doi:10.1007/978-3-662-03423-1_10 [Consulta: 13 de agosto de 2024].

NPR. «The History Behind Sexual Consent Policies» [en línea]. (5 de octubre de 2014). <https://www.npr.org/2014/10/05/353922015/the-history-behind-sexual-consent-policies> [Consulta: 13 de agosto de 2024].

Office for the Prevention of Domestic Violence [en línea]. <https://www.opdv.ny.gov/professionals/abusers/coercivecontrol.html> [Consulta: 13 de agosto de 2024].

O'Shea, T. «Green Paper Report: Consent in History, Theory and Practice. Essex Autonomy Project» [en línea]. (2011) <https://autonomy.essex.ac.uk/wp-content/uploads/2016/11/Consent-GPR-June-2012.pdf> [Consulta: 13 de agosto de 2024].

«Rape Culture» [en línea]. <https://www.csbsju.edu/chp/health-promotion/sexualviolence/rape-culture> [Consulta: 13 de agosto de 2024].

Rockwell, I. N. *The five wisdom energies: A Buddhist way of understanding personalities, emotions, and relationships.* Boston: Shambhala, 2002.

Schulman, S. *Conflict is not abuse: Overstating harm, community responsibility and the duty of repair.* Vancouver: Arsenal Pulp Press, 2017.

Shepherd, B. «How a simple tool called the 'No Test' could help identify a potentially abusive partner» [en línea]. (31 de enero de 2019). <https://www.abc.net.au/news/2019-01-31/how-the-no-test-could-help-prevent-domestic-violence/10764100?fbclid=IwAR0Fz_xmBurqGwIqz4WsEu-93kxv8ZKK_tJv3nzfB4aRHuoGWdQCdIh7YxM&pfmredir=sm&sf206928305=1> [Consulta: 13 de agosto de 2024].

Skene, L.; Smallwood, R. «Informed consent: Lessons from Australia» [en línea]. (5 de enero de 2002). <https://www.bmj.com/content/324/7328/39.long> [Consulta: 13 de agosto de 2024].

Skylar. «The Gray Rock Method of Dealing with Psychopaths» [en línea]. (19 de noviembre de 2018). <https://180rule.com/the-gray-rock-method-of-dealing-with-psychopaths/> [Consulta: 13 de agosto de 2024].

Stark, E. «Rethinking Coercive Control. Violence Against Women» [en línea]. 15(12), 1509-1525. (2009). <https://

doi.org/10.1177/1077801209347452> [Consulta: 13 de agosto de 2024].

Stark, E. D. *Coercive control: The entrapment of women in personal life*. Oxford: Oxford University Press, 2009.

Storm, C. *Empowered boundaries: Speaking truth, setting boundaries, and inspiring social change*. Berkeley: North Atlantic Books, 2018.

Thelilynews. «It's not enough to hope for the best. Millennials are writing contracts for their relationships» [en línea]. (14 de febrero de 2019). <https://www.washingtonpost.com/gender-identity/its-not-enough-to-hope-for-the-best-millennials-are-writing-contracts-for-their-relationships/> [Consulta: 13 de agosto de 2024].

Thomas. «Mythcommunication: It's Not That They Don't Understand, They Just Don't Like the Answer» [en línea]. (21 de marzo de 2011). <https://yesmeansyesblog.wordpress.com/2011/03/21/mythcommunication-its-not-that-they-dont-understand-they-just-dont-like-the-answer/> [Consulta: 13 de agosto de 2024].

«Violence Against Trans and Non-Binary People» [en línea]. <https://vawnet.org/sc/serving-trans-and-non-binary-survivors-domestic-and-sexual-violence/violence-against-trans-and> [Consulta: 13 de agosto de 2024].

Vrangalova, Z. «Everything You Need to Know About Consent That You Never Learned in Sex Ed» [en línea]. (2 de noviembre de 2018). <https://www.teenvogue.com/story/consent-how-to> [Consulta: 13 de agosto de 2024].